W0277741

Überflieger

Herausgegeben von Christof Kehr

Wer neugierig ist auf andere Länder und ihre Menschen, der kommt um Sprachkenntnisse nicht herum. **Spanisch in letzter Minute** bietet den Einstieg für alle, denen ein ganzes Lehrbuch zu langwierig und ein herkömmlicher Sprachführer zu schematisch ist. Wer dieses Buch, nach Möglichkeit mit der dazugehörigen Cassette (rororo 9701), durcharbeitet, der erwirbt dank einer ausgefeilten Methode die Fähigkeit, sich in Spanien und den spanischsprechenden Ländern zu verständigen. Informationen zum Alltagsleben und jede Menge praktischer Tips verkürzen den Weg zu der anderen Kultur. Das spanisch-deutsche Wörterbuch im Anhang hilft immer dann, wenn es Unverständliches zu entschlüsseln gilt.

Christof Kehr ist Reisender und Romanist. Im Rowohlt Taschenbuch Verlag hat er unter anderem veröffentlicht: «Anders reisen: Andalusien» (7575), das «Sprachbuch Spanien» (7588), das Lehrwerk «Español Uno/Dos» (8793/8845) und einen Band zur spanischen Idiomatik «Dichos y Frases» (9373).

In der Serie **Überflieger** sind bislang erschienen: Hanne Schönig/Hatem Lahmar **Arabisch in letzter Minute** (9541/9542), Isabelle Jue/Nicole Zimmermann **Französisch in letzter Minute** (9628/9629), Frida Bordon/Giuseppe Siciliano **Italienisch in letzter Minute** (9626/9627), Iain Galbraith/Paul Krieger **Englisch in letzter Minute** (9630/9631) und Uwe Kreisel/ Pamela Ann Tabbert **American Slang in letzter Minute** (9623/9624), Elisabeth Völpel **Portugiesisch in letzter Minute** (9686/9687), Dorothee Bernhardt **Russisch in letzter Minute** (9797/9799) und Karl-Heinz Scheffler **Türkisch in letzter Minute** (9688/9689), Petra Schaeber **Brasilianisch in letzter Minute** (9977/9978).

21. – 26. Tausend März 1997

Originalausgabe
Veröffentlicht im Rowohlt Taschenbuch Verlag GmbH, Reinbek bei Hamburg, Januar 1994
Copyright © 1994 by Rowohlt Taschenbuch Verlag GmbH, Reinbek bei Hamburg
Umschlaggestaltung **Susanne Müller**
Layout und Grafik **Alexander Urban**

Satz **Frutiger und Adobe Garamond, PostScript Linotype Library, QuarkXPress 3.11 (Linotronic 500)**
Druck und Bindung **Clausen & Bosse, Leck**
Printed in Germany
1290-ISBN 3 499 19526 7

Christof Kehr

Spanisch

in letzter Minute

ÜBERFLIEGER

Ein Sprachführer für Kurzentschlossene

rororo

Rowohlt

Inhalt

Vorwort

Sprachforscher schätzen, daß es auf der Erde über 4000 eigenständige Sprachen gibt. Wer mehr als drei Fremdsprachen kann, der wird landläufig bewundert. Wer sich gar in mehr als zehn Fremdsprachen auszudrücken versteht, wird als Genie gehandelt. «Dem fliegt das halt zu» ist die gängige Erklärung. Doch Sprachen zu lernen ist – außer für Kinder – auch mit Arbeit verbunden. Wir glauben nicht an Zauberei beim Sprachenlernen – es sei denn, einer schnappt leicht auf und kann das Aufgeschnappte zuverlässig speichern. Der große Rest kommt um ein mehr oder minder intensives Training nicht herum.

Die **Überflieger**-Bände bieten einen schnellen ersten Zugang zu anderen Sprachen. Sie vermitteln das Allerwichtigste – das, was jeder in den ersten Tagen und Wochen sagen und verstehen muß, wenn er sich nicht stumm, taub und verunsichert durch das fremde Land bewegen möchte. Sie schleifen das notwendigste Wissen mit einer ausgefeilten Methode ein. Denn es genügt nicht, wie dies die Mehrzahl der Sprachführer tut, fertige Sätze und Wortlisten zu servieren. Die meisten Lernwilligen fühlen sich da zu Recht im Stich gelassen. Der Stoff muß gekaut und verdaut werden. Wer eine andere Sprache lernt, dem muß ein neues Wort etwa dreizehnmal begegnen, bis es in seinen aktiven Wortschatz eingeht. Den Weg dahin wollen wir für den Anfang verkürzen.

Spanisch in letzter Minute bringt Ihnen rund 300 Wörter und Wendungen bei. Es stellt sie in einen Zusammenhang, sorgt durch wie-

derholtes Üben dafür, daß sie sich einprägen, und gibt darüber hinaus noch nützliche Informationen und kulturelle Tips für den Aufenthalt in Spanien.
Damit keine falschen Erwartungen aufkommen: Eine richtige Zeitung zu lesen oder sich über die gesellschaftliche Rollenverteilung von Mann und Frau zu unterhalten erfordert ein Sprachvermögen, das sich erst in Monaten oder Jahren einstellt.

Schlagen Sie die erste Lektion auf, schieben Sie, wenn möglich, die Cassette zum Buch ein und legen Sie los. Scheuen Sie sich nicht, den Stoff dreimal oder viermal zu wiederholen. Und trauen Sie sich, die Aussprache etwas zu übertreiben – das hilft bestimmt.

Wenn Sie in Spanien aus dem Auto, Zug oder Flugzeug steigen, werden Sie anfangen zu verstehen und bald auch selbst verstanden werden. Viel Spaß dabei!

Christof Kehr

Gebrauchsanweisung

Vorab

Mit diesem Buch lernen Sie rund 300 Wörter und Wendungen, die in verschiedene Themen gepackt sind. Jedes Thema besteht aus drei Lektionen und einer Zusammenfassung zum Wiederholen und Vertiefen.

Blättern Sie das ganze Buch einmal durch, und machen Sie sich den Aufbau klar:

1. Hinweise zur Aussprache
2. Fünf Themen mit fünfzehn Lektionen
3. Lösungen der Übungen und Tests
4. Kurzgrammatik
5. Wörterbuch spanisch-deutsch

Die Bedeutung der Zeichen

1-15

Diese Zahlen stehen für die einzelnen Lektionen. Planen Sie für jede Lektion einen Tag. Nach ungefähr zwei Wochen sollten Sie also den wichtigsten Lernstoff des Buches durchgearbeitet haben. Selbst wenn Sie dann nicht alles aktiv beherrschen, werden Sie das meiste doch wiedererkennen und verstehen.

Nach drei Lektionen wird das neu Gelernte vertieft, ergänzt und abgefragt. Das (Z) steht für Zusammenfassung.

Lernen läuft nicht nur übers Lesen, sondern auch übers Hören. Was den einen Lerntyp vom anderen unterscheidet, ist die Gewichtung: mehr Lesen oder mehr Hören. Wir bieten beide Möglichkeiten, denn zum Buch gibt es die Cassette. So kann jeder selbst wählen, ob er Wörter und Dialoge zuerst liest oder hört. Als Hörverständnis-Training gibt es immer Übungen auch von der Cassette.
Wenn Sie keine Cassette zur Hand haben, dann treiben Sie einen Muttersprachler oder einen Sprachkundigen auf, der Ihnen ordentlich vorspricht.

In den Kästchen mit der Glühlampe finden Sie Mechanismen, nach denen bestimmte Elemente der Sprache (Verben, Mehrzahl, Artikel ...) funktionieren. Wir haben bewußt auf grammatikalischen Ballast verzichtet. Nicht, daß Grammatik überflüssig wäre: Wenn Erwachsene eine Fremdsprache lernen, dann hilft die Grammatik dabei, das System der anderen Sprache schneller zu begreifen. Sie sollen sich hier aber vor allem im Kommunizieren (sich mitteilen, verstehen, in einer bestimmten Situation etwas ausdrücken ...) üben. Wer tiefer in die Grammatik einsteigen möchte, der findet im Anhang eine Übersicht mit den wichtigsten Regeln.

Das Kästchen mit dem Koffer steht für «Kulturgepäck». Gemeint ist die Alltagskultur. Hier finden Sie hilfreiche Informationen für einen Aufenthalt in Spanien und für den Zugang zu Land und Leuten.

Gebrauchsanweisung

Der Aufbau der Lektionen

Lesen

Am Anfang steht ein deutscher Text zum **Lesen** mit wissenswerten Informationen rund um das Thema.

Lernen

Unter **Lernen** folgen die bisher unbekannten Wörter mit ihrer Übersetzung. Hören Sie sich die Wörter nach Möglichkeit auf der Cassette an und sprechen Sie sie nach. Wiederholen Sie das ein paarmal, damit Sie sich die meisten Wörter einprägen.

Reden

Sie verstehen jetzt die neuen Wörter und nehmen sich im Abschnitt **Reden** die Dialoge vor. Kinderleicht, denn es kommt ja nichts Neues, dafür stehen die Wörter aber im Zusammenhang, gerade so, wie sie einem meist begegnen. Hören Sie die Dialoge ein paarmal an und lesen Sie sie, prägen Sie sich dabei die Wendungen ein, die für die jeweilige Situation wichtig erscheinen.

Üben

Unter dem Stichwort **Üben** steht, was dieses Buch von anderen Sprachführern unterscheidet. Sie werden nicht mit Wörtern, Sätzen und Dialogen allein gelassen, sondern haben Gelegenheit, den auf das Allerwichtigste beschränkten Stoff einzuüben, geradeso wie in einem dicken Lehrbuch. Die mit einem Cassetten-Symbol gekennzeichneten Übungen können Sie wahlweise mit Buch oder Cassette ausführen.

Die Zusammenfassung der Themen

Alle Wörter

Hier finden Sie, verschnürt in kleine Portionen zum Pauken, alle Wörter der drei letzten Lektionen, diesmal andersherum: deutsch-spanisch.

Service

Diese Seite bietet noch einige weiterführende Informationen.

Hier fehlt's

Der Lückentext bringt noch einmal einen Querschnitt der Dialoge mit auszufüllenden Lücken.

Hier steht's

Dieser Text enthält alles, was im Lückentext fehlt. Sie können sich diesen Dialog auch von der Cassette anhören und dann die Lücken ausfüllen.

Prüfstand

Zum Abschluß gibt es einen Wiederholungstest, der nochmals den wichtigsten Lernstoff abfragt und einschleift. Wenn Sie gut abschneiden wollen, dann müssen Sie auch die **Lesen**-Texte am Anfang der Lektionen aufmerksam durchlesen, sie werden nämlich ebenfalls abgefragt.

Das Angebot im Anhang

Kurzgrammatik

Die **Kurzgrammatik** ist für alle, die es genauer wissen wollen, die ein Minimum an Theorie brauchen, um gezielter zu lernen. Man kann hier nachschlagen, wie zum Beispiel die Mehrzahl gebildet, wie ein Verb konjugiert oder ein Befehl ausgedrückt wird. Das Wichtigste an Theorie ist aber in den jeweiligen Lektionen schon erklärt.

Schlüssel

Der **Schlüssel** bringt die Lösungen aller Übungen und Tests und dient der Selbstkontrolle.

Wörterbuch

Das spanisch-deutsche **Wörterbuch** enthält, über die in den Lektionen gelernten Vokabeln hinaus, unbekannte Wörter, die Ihnen auf Schildern, Speisekarten, in Zeitschriften, auf Tickets, Reklametafeln, in den Medien oder wo auch immer begegnen mögen.

Aussprache und Betonung

Diese Seiten brauchen Sie nicht zu pauken. Die Erklärungen sollen Ihnen dann helfen, wenn Sie nicht wissen, wie ein bestimmter Laut ausgesprochen wird.

Die Aussprache

geschrieben:	gesprochen:	auf deutsch:
Die spanischen Vokale (a, e, i, o, u) werden meist kurz gesprochen		
casa; dinero	[kassa]; [dinnero]	Haus; Geld
Man unterscheidet zwischen hellen (e,i) und dunklen (a,o,u) Vokalen. Je nachdem werden «c» und «g» vor dem Vokal anders gesprochen:		
ce, ci	[the, thi] wie englisches **th**	
Bar**ce**lona; bi**ci**cleta	[Bar**the**lona]; [bi**thi**kletta]	Fahrrad
ca, co, cu **Co**ca-**Co**la; **cu**rva	[ka, ko, ku] [**Ko**ka-**ko**la]; [**ku**rba]	 Kurve
ge, gi	[che, chi] wie deutsch **ch** in Buche	
gara**ge; gi**tano	[gara-**che**]; [**chi**-tano]	Garage; Zigeuner
ga, go, gu **Gu**stavo; **go**ma	[**ga, go, gu**] [**gus**-tawo]; [**go**mma]	 Gummi
Leicht zu verwechseln: «v» und «b». Beide werden ziemlich gleich ausgesprochen, irgendwie, wie ein Mittelding aus «v» und «b»:		
Valencia; **B**arcelona	[**b**alenthja]; [**b**arthelona]	

Die größte Hürde für die deutsche, nicht-bayerische Zunge: das «r». Es wird mit der Zungenspitze gerollt, wenn es am Wortanfang steht, sogar doppelt.

hora; Roma	[ora]; [rroma]	Stunde
j José; Julio	[ch] [ch-osseh]; [ch-uljo]	
y	[i]	und

«h» wird gar nicht gesprochen

hotel; hostal	[otell]; [os-tal]	Hotel; kleines Hotel

Doppelte Vokale werden getrennt gesprochen:

Europa; oeste	[e-uropa]; [o-este]	Europa; Osten

«ch» und «ll» gelten als jeweils eigene Buchstaben und werden im Alphabet gesondert aufgeführt:

ch chico; muchacho	[tsch] [tschiko]; [mutschatscho]	Junge
ll llego; Sevilla	[j] [jego]; [säwi-ja]	ich komme an

Die Betonung

Vollkommen klar ist die Regel, die sagt, welche Silbe des Wortes betont werden muß:

1. die letzte – alle Wörter, die auf Konsonant enden, außer auf -n oder -s

Madrid; hotel profesor; capaz	[madrii]; [otell] [professor]; [kapath]	Hotel fähig

2. die vorletzte – alle Wörter auf Vokal sowie -n und -s

chico; muchacha	[tschiko]; [mutschatscha]	Junge; Mädchen
joven; bananas	[chowenn]; [bannanass]	jung; Bananen

3. die vorvorletze – und was von 1. und 2. abweicht muß durch einen Akzent gekennzeichnet sein:

adiós; nación teléfono; música	[adjoss]; [nathjonn] [telefonno]; [musika]	tschüs; Nation

Hola y adiós

Hallo und Tschüs

New York, Los Angeles, Florida, Nordmarokko, Äquatorial-Guinea, Brüssel – dort überall wird auch Spanisch gesprochen. Muttersprache für die Menschen zwischen Mexiko bis hinter die Magellanstraße und auf der Iberischen Halbinsel ist es ohnehin. Spanisch ist die Weltsprache nach Englisch. Wer sich die Mühe macht, es zu lernen, der kann sich mit rund 300 Millionen Menschen in über 30 Ländern verständigen. Für die Sprachwissenschaftler ist Spanisch nichts anderes als Neu-Latein. Das alte Latein hat sich südlich der Pyrenäen mit zuvor verbreiteten Sprachen vermischt und weiterentwickelt. Doch keine Bange, es ist weit weniger kompliziert als das Idiom der alten Römer und verfügt im Vergleich mit den anderen romanischen Sprachen – Französisch, Italienisch, Portugiesisch, Rumänisch – über die einfachste Grammatik. Spanisch war auch Transportmittel zwischen anderen Sprachen. Arabische Wörter wie Alkohol, Chemie, Magazin, Tarif oder

Zucker sind über das mittelalterliche Spanisch in europäische Sprachen eingegangen.

Spanisch ist für uns keine exotische Sprache. Wer ein bißchen Französisch, Italienisch oder Englisch beherrscht, dem kommen eine Menge Wörter bekannt und leicht verändert vor. Die Aussprache ist nicht allzu schwierig, das größte Problem für die deutsche Zunge ist das gerollte «r» und vielleicht der harte Rachenlaut [ch] in *Gerardo* oder *José*, gesprochen wie ch in «Kuchen», «Kachel» oder «doch».

Aber wenn die Aussprache am Anfang noch nicht hundertprozentig ist, macht das nichts – die Spanier sind es gewohnt, verschiedene Akzente zu hören. Im Fernsehen laufen zum Beispiel dauernd mexikanische und venezolanische Endlosserien. Südamerika ist (abgesehen von Brasilien) durchaus keine sprachliche Einheit, sondern wartet mit unterschiedlichsten Dialekten und Akzenten auf.

Auch innerhalb Spaniens gibt es große Unterschiede, nicht zuletzt, weil Galizisch, Baskisch und Katalanisch für viele Spanier die Muttersprache ist. Spanisch ist für sie eine dazugelernte Schul-, Amts- und Mediensprache. Aber immer seltener stößt man auf Alte, die ihr Leben so abgeschieden in einem verlassenen Dorf verbringen, daß sie nie richtig Spanisch gelernt haben.

Unter der Diktatur Francos (1936 – 1975) waren die Sprachen der Regionen nicht gern gehört, teilweise sogar verboten. Mit der Demokratie kam die Emanzipation von der Zentralmacht in Madrid. Das führte dann zu einer Renaissance der drei anderen Sprachen Spaniens. In ihrer jeweiligen Region stehen heute Galizisch, Baskisch und Katalanisch gleichberechtigt als Amtssprache neben dem Spanischen. Die Wettbewerbe, um eine Stelle in der öffentlichen Verwaltung zu bekommen, müssen immer zum Teil auch in der entsprechenden Regionalsprache abgelegt werden.

Der Reisende braucht in Spanien keine dieser Sprachen zu können, allerdings wird er selbst mit guten Spanischkenntnissen kaum ein Wort mitbekommen, wenn Einheimische sich miteinander auf galizisch oder katalanisch unterhalten. Baskisch ist überhaupt nicht zu verstehen, bisher hat kein Sprachforscher das Rätsel dieser Sprache enthüllen können. Ähnlichkeiten zu anderen Sprachen sind nicht nachzuweisen, fest steht lediglich, daß es keine indoeuropäische Sprache ist.

Der Vielfalt der Idiome entspricht natürlich auch eine Vielfalt der Kulturen. Wer offenen Auges die Iberische Halbinsel bereist, dem wird nicht entgehen, wie mit den Landstrichen sich auch die Menschen verändern.

Je nach Schulbildung und Fremdsprachenkenntnis wird sich ein Spanier in denjenigen einfühlen können, der des Spanischen nicht mächtig ist, und sich ihm gegenüber entsprechend langsam, deutlich und verständlich ausdrücken. Sollten Sie dennoch jemandem begegnen, der redet wie ein Wasserfall, so hilft nur ein *«despacio, por favor»*, langsam, bitte.

buenos días *guten Tag*

¿cómo está? *wie geht`s (Ihnen)?*

bien *gut*

gracias *danke*

hola *hallo*

¿qué tal? *wie geht's?*

no muy bien *nicht sehr gut*

fatal *schlecht*

¿cómo estás? *wie geht es dir?*

bienvenido *willkommen*

buenas noches *guten Abend*

adiós *auf Wiedersehen*

mañana *morgen*

hasta luego *bis später*

muchas gracias *vielen Dank*

Aussprache

1. «ch» wird gesprochen wie [tsch] in Kautschuk. Man spricht also [buenas no**tsch**es, mu**tsch**as gracias].

2. «ci» und «ce» werden gelispelt, wie das englische «th». Es spricht sich also: gracias, Barcelona – [gra**th**ias, Bar**th**elona].
«z» wird übrigens genauso gesprochen: Zaragoza – [**th**arago**th**a]

3. «h» wird nicht gesprochen, es klingt also: [ola, asta, otel], obwohl immer ein «h» davor geschrieben steht.

Dreimal «guten Tag»

Zu beachten ist in den spanischsprechenden Ländern die Dreiteilung des Tages:

buenos días morgens bis mittags
buenas tardes mittags bis zum frühen Abend
buenas noches ab Einbruch der Dunkelheit bis nachts

qué tal

Es bedeutet: wie geht's, wird aber meist wie «hallo» gebraucht.

Hallöchen

Auch das geht auf spanisch, allerdings mit Gefühl für Rhythmus. Das «o» von «hola» wird so lange wie möglich gedehnt, das «la» dann kurz und tiefer gesprochen. «Hooooola, ¿cómo está?»

Begrüßung – Befinden – Abschied

Buenos días.	Guten Tag.
Buenos días.	*Guten Tag.*
¿Cómo está?	Wie geht's (Ihnen)?
Bien, gracias.	*Gut, danke.*
Hola.	Hallo.
¿Qué tal?	*Wie geht's?*
¿Cómo está?	Wie geht's (Ihnen)?
No muy bien.	*Nicht sehr gut.*
Buenos días.	Guten Tag.
Buenos días.	*Guten Tag.*
¿Cómo está?	Wie geht's (Ihnen)?
Uyyy, fatal.	*Aoooh, schlecht.*
Hola.	Hallo.
¿Qué tal?	*Hallo.*
¿Cómo estás?	Wie geht's dir?
No muy bien.	*Nicht sehr gut.*
Bienvenido.	Willkommen.
Hola, buenas noches.	*Hallo, guten Abend.*
Adiós.	Auf Wiedersehen.
Adiós, buenas noches.	*Auf Wiedersehen, gute Nacht.*
Hasta mañana.	Bis morgen.
Hasta mañana.	*Bis morgen.*
Hasta luego.	Bis später.
Adiós.	*Auf Wiedersehen.*
Adiós.	Auf Wiedersehen.
Adiós, muchas gracias.	*Auf Wiedersehen, danke schön.*

Üben

1. Wie lautet die richtige Antwort?

1. Buenos días.
a Hola.
b Muy bien.

2. ¿Cómo está?
a Hola.
b Muy bien.

3. Adiós.
a Hasta luego.
b Fatal.

4. ¿Qué tal?
a Hasta luego.
b Hola, buenos días.

5. Buenos días.
a Gracias.
b Hola, buenos días.

6. Adiós.
a No muy bien.
b Hasta mañana.

2. Wie heißt's auf spanisch?

1. wie geht's **2.** guten Abend **3.** bis später **4.** gut, danke **5.** guten Tag **6.** bis morgen

3. Was gehört zusammen?

1. buenas noches
2. fatal
3. hasta mañana
4. muy bien
5. qué tal

a sehr gut
b wie geht's
c bis morgen
d guten Abend
e schlecht

4. Was sagen Sie in dieser Situation?

1. Bei einer Einladung. Sie verabschieden sich vom Gastgeber und werden ihn morgen wiedersehen: ....

2. Im Café. Sie treffen einen Freund und begrüßen ihn ca. um 11 h 30 vormittags: ....

3. Vor dem Kino. Sie begrüßen eine Freundin um 21 h 30 abends:

....

4. Auf der Straße. Sie erkundigen sich nach dem Wohlergehen Ihres Bekannten: ....

5. Vor der Tür. Sie verabschieden sich und werden sich später wiedersehen: ....

Begrüßung

Die Western aus Arizona und Texas haben es uns schon lange gelehrt: *«Buenos días, señorita»* und *«adiós amigo»*. Begrüßungsfloskeln sind die Schleifen um die Kommunikation.

Wer sich kennt, der grüßt ganz einfach mit *«hola»* und braucht so nicht auf die Uhr zu schauen, ob es noch später Nachmittag oder früher Abend ist. Beim Abschied reicht ein kurzes *«adiós»*. Wenn man sich bald wiedersehen wird, in ein paar Stunden oder Tagen, heißt es *«hasta luego»*. Bei den Städtern unter vierzig hat sich ein *«chau»* (ciao) eingebürgert. Man sieht, auch so wächst die Welt zusammen.

Weiß man nicht, wie man das Wort an einen Unbekannten richten soll, so hilft am besten ein *«señor, señora* oder *señorita»*. Die Dankesfloskel *«muchas gracias»* wird mit einem *«de nada»*, keine Ursache, erwidert. Wenn es besonders nett sein soll, dann sagt man *«de nada señor, de nada hombre, de nada Antonio»* usw.

Der erste und letzte Kontakt

Die lockere Begrüßung unter Freunden und Bekannten lautet meist *«hola»*, *«qué tal»* oder *«qué hay»* (Hallo, wie geht's, was gibt's).
Der Abschied gestaltet sich um so leichter: Ein einfaches *«adiós»* genügt. Wenn klar ist, wann man sich wiedersieht, kann man ein *«hasta luego»*, bis später, *«hasta mañana»*, bis morgen, oder *«hasta pronto»*, bis bald, dranhängen.

Hand, Kuß oder Umarmung ?

Als grobe Regel gilt: Sich entfernt Stehende geben sich bei der Begrüßung die Hand. Gute Bekannte und Freunde: Wangenkuß zwischen Frauen und Mann und Frau. Männer tun das nur innerhalb der Familie oder wenn sie sehr gut miteinander befreundet sind, und nur dann, wenn sie sich lange nicht gesehen haben, oder beim Abschied, wenn sie sich länger nicht mehr sehen werden. Seltener ist zu sehen, daß sich Männer leicht umarmen und dabei mit der flachen Hand gegenseitig auf die Schulter trommeln. Laut und unbeholfen muß es dabei zugehen, damit nur kein falscher Verdacht aufkommt.

yo soy *ich bin*

por favor *bitte*

el señor *der Herr*

eres *du bist*

alemán/alemana *deutsch*

español/española *spanisch*

¿cómo te llamas? *wie heißt du?*

mi nombre es *mein Name ist*

el estudiante *der Student*

la estudiante *die Studentin*

Alemania *Deutschland*

sí *ja*

tú *du*

el profesor *der Lehrer*

¿dónde? *wo*

en una oficina *in einem Büro*

trabaja *Sie arbeiten*

es *Sie sind*

el empleado *der Angestellte*

el jefe *der Chef*

	bestimmter Artikel	unbestimmter Artikel
spanisch	**el, la**	**un, una**
deutsch	der, die	ein, eine

Die Endung sagt alles

«Ich, du, er, sie, es, wir, ihr, sie» kann man auf spanisch weglassen. Die Endung des Verbs macht es nämlich:

trabaj-**o** – **ich** arbeit**e**
trabaj-**as** – **du** arbeit**est**
trabaj-**a** – **er/sie** arbeit**et**
– **Sie** arbeit**en**

Wenn «yo, tú» etc. aber doch stehen, dann um besonders zu betonen, wer etwas tut.

Der allerletzte Kontakt

que descanse en paz – er/sie ruhe in Frieden

Sich vorstellen

Yo soy Juan García.	Ich bin Juan García.
Hola, soy José Garrido.	*Hallo, ich bin José Garrido.*
El señor García, por favor.	Herr Garcías, bitte.
Soy yo.	*Ich bin('s).*
¿Eres alemana?	Bist du Deutsche?
No, soy española.	*Nein, ich bin Spanierin.*
¿Cómo te llamas?	Wie heißt du?
Mi nombre es Angela Rojas.	*Mein Name ist Angela Rojas.*
¿Eres estudiante?	Bist du Student?
Sí, soy estudiante.	*Ja, ich bin Student.*
¿En Alemania?	In Deutschland?
Sí, ¿y tú?	*Ja, und du?*
Yo soy profesor.	Ich bin Lehrer.
¿Dónde trabaja?	Wo arbeiten Sie?
En una oficina.	*In einem Büro.*
¿Es empleado?	Sind Sie Angestellter?
No, soy el jefe.	*Nein, ich bin der Chef.*

Anrede

Spricht man über jemanden, so sagt man: «el señor Suárez, la señora Pérez». In der direkten Anrede heißt es aber (ohne el/la): «Señor Suárez / Señora Pérez»

Das «s» macht den Unterschied

cómo est-**á**	wie geht's **Ihnen**
cómo est-**ás**	wie geht's **dir**
cómo se llam-**a**	wie heiß**en Sie**
cómo te llam-**as**	wie heiß**t du**
trabaj-**a**	**Sie** arbeiten
trabaj-**as**	**du** arbeit**est**

1. Sagen Sie`s auf deutsch

1. Soy el jefe. **2.** ¿Es empleado? **3.** Nombre, por favor. **4.** En una oficina. **5.** Un estudiante alemán. **6.** Eres española. **7.** El profesor **8.** ¿No trabajas? **9.** Mi nombre es Arantzgui.

2. Wie lautet die richtige Antwort?

1. ¿Eres español?
a Sí, soy el jefe.
b Sí, soy español.

2. ¿Cómo te llamas?
a Soy profesor.
b Mi nombre es Juan Carlos.

3. ¿Dónde trabajas?
a Mi nombre es Juan Carlos.
b En una oficina.

4. ¿Eres empleado?
a No, soy estudiante.
b Sí, soy español.

5. ¿La señora Fernández, por favor?
a Soy yo, hola, ¿qué tal?
b Eres alemana.

3. Rätsel

1. Sagt im Betrieb, wo's langgeht.
2. Begrüßungsfloskel im Dunkeln.
3. Opfert sein Leben für die Firma.
4. Opfert sein Leben für Schule/Uni.
5. Unterdrückt **4.**

4. Sagen Sie's auf spanisch

1. Deutschland **2.** der Lehrer **3.** mein Name ist **4.** der Angestellte **5.** die Angestellte **6.** wie heißen Sie? **7.** wo arbeiten Sie? **8.** in einem Büro **9.** ich bin deutsch

5. Hier fehlt etwas

1. Mi .... es Juan Garrido.

2. ¿Cómo .... llama?

3. Yo .... profesor.

4. En .... oficina

Wichtig zu wissen

el alemán – *der Deutsche*
la alemana – *die Deutsche*
el español – *der Spanier*
la española – *die Spanierin*
la oficina – *das Büro*
el nombre – *der Name*

Know-how fürs Portemonnaie

Zahlen sind das A & O für unser Überleben: Telefonnummern, Bankkonten, Abfahrtzeiten und natürlich Preise. Auf spanisch nimmt sich die Konstruktion der Zahlen logisch aus, da kommt nicht zuerst der Hunderter, dann der Einer und dann der Zehner, da gibt es kein sieben und dreißig oder ein und fünfzig. Auf spanisch gilt die Regel: das meiste zuerst, erst Tausender, dann Hunderter, dann Zehner, dann Einer. Also heißt es *treinta y siete* und *cincuenta y uno*. Wer die Zahlen von 1 bis 15 kennt, der braucht nur noch hundert und tausend und kann sich den Rest dazwischen fast schon selbst ableiten. Halt, eine Besonderheit gibt es noch: *quinientos* bedeutet 500. Warum? Wir wissen es auch nicht, es kommt wohl aus dem Latein.

Aberglauben ist in den ländlichen Gegenden Spaniens noch ziemlich verbreitet; bekannt ist, daß es in Galicien Hexen gibt, und überall hört man auch, daß neben normalen Ärzten auch *curanderos* – Wunderheiler – arbeiten. Die symbolische Bedeutung der Zahlen hat es auch den Städtern angetan. Die 6 ist die Zahl des Teufels, die 7 des Glücks, die 13 des Unglücks, die 15 des Lotteriegewinns – *de la niña bonita*, der Glücksfee – und die 33, das Alter, das Christus erreicht hat, steht dafür, daß das Leben dann mehr oder weniger seinen endgültigen Weg gefunden hat.

los números – die Zahlen

1 uno
2 dos
3 tres
4 cuatro
5 cinco
6 seis
7 siete
8 ocho
9 nueve
10 diez

Um Zahlen einer anderen Sprache wirklich zu lernen, muß man sie oft üben und einschleifen. Es bieten sich da kleine Tricks an, wie zum Beispiel eine Weile lang beim Treppensteigen erst bis zehn, dann bis 100 zu zählen. Abwärts natürlich dann rückwärts. Oder man nutzt die Fahrt in Auto oder S-Bahn, um in der anderen Sprache Stockwerke, Autos im Stau oder Schulkinder zu zählen. Erwarten Sie aber nicht zuviel von sich: Selbst Kellner, die seit 30 Jahren in Deutschland sind, rechnen in der Regel in ihrer Muttersprache zusammen.

el número *die Nummer*

de *von*

el teléfono *das Telefon*

el pasaporte *der Paß*

cómo *wie*

cero *Null*

qué hora es *wieviel Uhr ist es*

son las dos *es ist zwei Uhr*

bueno *gut*

y media *und eine halbe Stunde*

en punto *Punkt ... Uhr*

menos *weniger*

Aussprache

geschrieben	gesprochen	wie deutsch
1. «j»	[ch]»	Buche
jefe	[chefe]	
trabajas	[trabachas]	
2. «ll»	[j]	jedermann
cómo te llamas	[como te jamas]	
Sevilla	[Sevija]	

«ll» gilt als eigener Buchstabe und erscheint in alphabetischen Listen hinter «l».

3. «y»	[j]	Josef
yo	[jo]	

«y» wird genauso wie «ll» gesprochen.

Schreibungewohnte Spanier verwechseln «ll» und «y» manchmal – zur Freude der Besserwisser.

Son las dos – es ist zwei Uhr

Das «horas», Stunden, denkt man sich immer dazu. Achtung, ein Uhr heißt: **la una**, es ist ein Uhr: es la **una**. Logisch, oder? Will man sich siebzehn oder zweiundzwanzig Uhr ersparen, so hängt man ein **de la tarde** – nachmittags – oder **de la noche** – nachts – dran: 17 h: **las cinco de la tarde**, 22 h: **las diez de la noche**. Einfach, oder?

Nummern und Zeiten

Número de teléfono?	Telefonnummer?
Tres, dos, cuatro, uno, cinco, cinco, tres.	*Drei, zwei, vier, eins, fünf, fünf, drei.*
¿Cómo?	Wie?
3 - 2 - 4 - 1 - 5 - 5 - 3	*3 - 2 - 4 - 1 - 5 - 5 - 3*
Número de pasaporte?	Nummer des Passes?
A, cinco, cuatro, tres, dos, cuatro, cinco, cinco, cero.	*A, fünf, vier, drei, zwei, vier, fünf, fünf, null.*
¿Cómo, por favor?	Wie, bitte schön?
A - 5 - 4 - 3 - 2 - 4 - 5 - 5 - 0	*A - 5 - 4 - 3 - 2 - 4 - 5 - 5 - 0*
Cinco, cinco, ¿qué?	Fünf, fünf, was?
Cinco, cinco, ¡cero!	*Fünf, fünf, null!*
¿Qué hora es?	Wieviel Uhr ist es?
Las dos.	*Zwei (Uhr).*
¿Las dos?	Zwei (Uhr)?
Bueno, las dos y media.	*Nun gut, halb drei.*
¿Qué hora es?	Wieviel Uhr ist es?
Son las cinco.	*Es ist fünf Uhr.*
¿Las cinco en punto?	Punkt fünf Uhr?
No, las cinco menos diez.	*Nein, zehn vor fünf.*

1. Was paßt zusammen?

1. «5» **a** uno
2. «1» **b** zero
3. «3» **c** tres
4. «2» **d** cinco
5. «4» **e** dos
6. «0» **f** cuatro

2. Addieren und Subtrahieren

1. Dos y tres son … (Zwei und drei ist …)
2. Uno y dos son …
3. Cuatro y uno son …
4. Zero y cuatro son …
5. Tres y uno son …
6. Cinco menos dos son … (Fünf weniger zwei ist …)
7. Tres menos uno son …
8. Cuatro menos dos son …
9. Cinco menos dos menos tres son …

3. Richtig (r) oder falsch (f) nach Adam Riese?

	r	f
1. Tres menos dos son dos.		
2. Cuatro y uno son cinco.		
3. Tres menos dos son uno.		
4. Dos y dos son cinco.		
5. Dos menos dos son zero.		

4. Sprechen Sie nach

1 - 2 - 3 4 - 5 - 6 3 - 2 - 1 6 - 5 - 4
7 - 8 9 - 10 7 - 8 - 9 - 10

5. Kuckuckseier: jeweils eins paßt nicht

1. bienvenido – hola – qué tal – hasta mañana **2.** empleado – fatal – jefe – oficina **3.** ocho – siete – bueno – nueve

6. Leiern Sie Ihre Paßnummer runter

1. 1 - 4 - 7 - 9 - 4 - 0 - 3 **2.** 8 - 5 - 2 - 9 - 7 - 1 - 2 **3.** 6 - 5 - 4 - 3 - 2 - 1 - 0
4. 7 - 9 - 6 - 8 - 5 - 7 - 4 **5.** 2 - 4 - 6 - 8 - 0 - 2 - 5

Alle Wörter

Begrüßung

auf Wiedersehen
adiós

willkommen
bienvenido

guten Abend
buenas noches

guten Tag
buenos días

Hallo
hola

bis später
hasta luego

morgen
mañana

wie geht`s Ihnen?
¿cómo está?

wie geht es?
¿qué tal?

vielen Dank
muchas gracias

Hauptwörter

Angestellter
el empleado

Büro
la oficina

Chef
el jefe

Herr
el señor

Lehrer
el profesor

Name
el nombre

Nummer
el número

Paß
el pasaporte

Student(in)
el / la estudiante

Telefon
el teléfono

Verben

du bist
eres

du arbeitest
trabajas

ich bin
(yo) soy

mein Name ist
mi nombre es

Sie sind
es

wie heißt du?
¿cómo te llamas?

Zeiten

wieviel Uhr ist es
qué hora es

es ist zwei Uhr
son las dos

es ist drei Uhr
son las tres

Punkt ..., pünktlich
en punto

weniger, vor ... Uhr
menos

und eine halbe Stunde
y media

Kleine Wörter

bitte
por favor

du
tú

gut
bueno

ja
sí

nein
no

sehr gut
muy bien

schlecht
fatal

von
de

wie
cómo

wo?
¿dónde?

Geographie

Deutschland
Alemania

deutsch
alemán / alemana

spanisch
español / española

Entschuldigung

perdone entschuldigen Sie!
perdón Entschuldigung

Jemanden ansprechen

oiga, por favor …	hören Sie, bitte
perdone, señor …	entschuldigen Sie, mein Herr
perdone, señora …	entschuldigen Sie, meine Dame
señor …	mein Herr
señora …	meine Dame

Auf deutsch klingt das «mein Herr/meine Dame» sehr antiquiert, auf spanisch ist es aber durchaus üblich.

Telefonieren

Aus einer Zeit, als gute Telefonverbindungen noch die Ausnahme waren, hat sich das Ritual der ersten Worte an der Strippe rübergerettet:

oiga	hören Sie (sagt der Anrufer)
diga	sagen Sie (sagt der Angerufene)

Längst gibt es auch Kartentelefone. Praktischerweise funktionieren sie auch mit Münzen. Die *tarjetas*, die Karten, gibt es auf der Post, *oficina de correos*, oder in den *estancos*, den staatlichen Tabakläden, erkennbar an dem Schild mit der rot-gelb-roten Nationalflagge.

Ⓩ **Hier fehlt's**

Lesen Sie sich die beiden Dialoge durch, und tragen Sie die fehlenden Wörter ein. Wenn Sie nicht mehr weiterwissen, dann dürfen Sie auf die nächste Seite schielen:

Hola y adiós

Dialog 1

Hola, Antonia.	*Hola, ... días, Luis.*
¿......... estás?	*Muy bien, gracias, ¿y tú?*
Uyyy, fatal.	*¿Dónde trabajas?*
¿Yo? En una oficina.	*¿Eres empleado?*
No, soy el jefe.	*Ah, ... bien.*
¿Qué .... es?	*Son las siete.*
¿Las siete?	*Sí, las siete en ....*
Uyyy, la oficina.	*Bueno, ... luego.*
Adiós, Antonia ...... mañana.	*Adiós, Luis.*

Dialog 2

Por ...., ¿la señora Gómez?	*Soy, yo.*
Mi .... es José Pardo.	*Hola, buenas tardes.*
Soy profesor.	*Muy bien.*
¿Y usted?	*No .... estudiante.*
¿Es empleada?	*Sí, soy empleada.*
¿......... de teléfono?	*¿Qué?*
¿......... de teléfono?	*O, no, no, no.*

Hören Sie sich die beiden Dialoge an. Vergleichen Sie die Lösungen, die Sie gefunden haben, und plappern Sie einfach nach:

Guten Tag und auf Wiedersehen

Dialog 1

Hola, Mari-Carmen	*Hola, buenos días, Julio.*
¿Cómo estás?	*Muy bien, gracias, ¿y tú?*
Uyyy, fatal.	*¿Dónde trabajas?*
¿Yo? En una oficina.	*¿Eres empleado?*
No, soy el jefe.	*Ah, muy bien.*
¿Qué hora es?	*Son las nueve.*
¿Las nueve?	*Sí, las nueve en punto.*
Uyyy, la oficina.	*Bueno, hasta luego.*
Adiós Mari-Carmen, hasta mañana.	*Adiós, Julio.*

Dialog 2

Por favor, ¿la señora Rojas?	*Soy, yo.*
Mi nombre es Luis Catorce.	*Hola, buenas tardes.*
Soy profesor.	*Muy bien.*
¿Y usted?	*No soy estudiante.*
¿Es empleada?	*Sí, soy empleada.*
¿Número de teléfono?	*¿Qué?*
¿Número de teléfono?	*O, no, no, no.*

Prüfstand

1. Fragen Sie danach und achten Sie auf die Artikel el oder la

*«**El teléfono**, por favor.»*
1. Telephon **2.** Büro **3.** Nummer **4.** Name **5.** Lehrer **6.** Chef
7. Angestellter **8.** Student

2. Schreiben Sie die nächst folgende Zahl

1. dos .... **2.** nueve .... **3.** cero ....
4. cuatro .... **5.** tres .... **6.** ocho ....
7. seis .... **8.** siete .... **9.** uno ....

3. Zu welcher Frage gehört die Antwort?

1. Muy bien, gracias.
a ¿Número de teléfono?
b ¿Qué?
c ¿Cómo está?

2. No, soy español.
a ¿Es español?
b ¿Es alemán?
c ¿Es empleado?

3. En una oficina.
a ¿Dónde trabajas?
b ¿Número de pasaporte?
c ¿Qué hora es?

4. Mi nombre es José González.
a ¿Cómo está?
b ¿Cómo te llamas?
c ¿Cómo estás?

5. Son las tres en punto.
a ¿Eres estudiante?
b ¿Dónde trabajas?
c ¿Qué hora es?

4. Haben Sie aufgepaßt?

1. Spanisch wird auch gesprochen
- **a** in Lausanne.
- **b** in Lübeck.
- **c** in Los Angeles.

2. Eine Dame spricht man so an:
- **a** «La señora, por favor.»
- **b** «Señorita, por favor.»
- **c** «Señora, por favor.»

3. Alkohol und Zucker
- **a** genießt man in Maßen.
- **b** sind arabische Wörter.
- **c** ergeben einen Superlikör.

4. Spanische Zahlen von Null bis unendlich
- **a** sind für Nichtmathematiker nicht zu lernen.
- **b** werden dem Wert nach gebildet.
- **c** kann man nicht rückwärts zählen.

5. Am Abend grüßt man
- **a** buenas habas.
- **b** buenas noches.
- **c** buenas oficinas.

6. Manche spanische Männer grüßen sich, indem sie
- **a** sich an den Ohren ziehen.
- **b** die Schuhe tauschen.
- **c** sich auf die Schultern trommeln.

Ir y venir
Gehen und Kommen

Vorbei sind die Zeiten der Wegelagerer und Strauchdiebe, der Angst der Reisenden vor Überfällen, der Plage mit störrischen Mauleseln auf wochenlangen Märschen. Und vorbei ist die Zeit des grenzenlosen Staunens, mit dem noch Théophile Gautier, Washington Irving und all die anderen schreibenden Spanien-Erkunder bis in die siebziger Jahre beschenkt wurden. Eine moderne Infrastruktur hat das Abenteuer verdrängt, allenfalls Hitchhiker führen noch einen Rest Ungewißheit mit im Gepäck. Aber exotisch ist das Rumkommen auf der Iberischen Halbinsel noch allemal, vor allem auf den Nebenstrecken, die noch nicht von Autobahngesellschaften oder dem Netz der Hochgeschwindigkeitszüge erschlossen sind. Private Busunternehmer teilen sich das Land auf, und da einer vom anderen nichts wissen möchte, kann das Erfragen einer Abfahrtszeit an der *estación de autobuses* leicht zur Detektivarbeit ausarten. Vor allem auf den Dörfern weiß oft nur ein bestimmter Kneipier, wann der Bus fährt. Oder der Schalterbeamte ist gerade auf ein Bierchen ver-

schwunden und hat sein Wissen um die zweistündige Verspätung des Busses mit sich genommen. Auf den Busbahnhöfen in den Städten ist das einfacher, da sitzt eine *chica* an der *información* und nennt einem den Schalter, an dem man sein *billete* bekommt.

Hat man die erste Hürde hinter sich, den richtigen Bus erwischt und ist auch wirklich dort angekommen, wo man hinwollte, dann stellt sich vermutlich das zweite Problem: «Wo steige ich ab? Werde ich ein Hotel finden? Was mache ich, wenn ich keines finde? Nehme ich ein Taxi, dann betuppt der Fahrer mich womöglich und kutschiert mich durch die Pampa. Ziehe ich selbst los, um etwas zu suchen, dann stört mein Gepäck, wo soll ich es abstellen?» Für diese existentiellen Fragen des Unterwegsseins gibt es kein Rezept. Da hilft allenfalls eine Pauschalreise mit Bustransfer vom Flughafen.

4 Lesen

Spanien verzeichnet pro Jahr immer noch mehr fremde Besucher als einheimische Bewohner. Das Bruttosozialprodukt nährt sich zu vierzehn Prozent aus dem Tourismus, daher verfügt das Land über die komplette Palette zwischen Jugendherberge und Luxushotel. Wem das steril-gediegene Ambiente der Vier- und Fünfsternehäuser nicht sonderlich zusagt, dem sei einer der zahlreichen Paradores Nacionales empfohlen. Das sind halbstaatliche Edelhotels in alten Burgen, Klöstern oder eleganten Häusern. Sie liegen meist phantastisch und sind im Inneren wahrhafte Museen. Sollten die 200 bis 250 Mark pro Doppelzimmer das Reisebudget übersteigen, so kann man immer noch zum Kaffeetrinken hingehen oder durch die elegante Eingangshalle in die elegante Bar wandeln und sich erfreuen an den Antiquitäten, Gemälden und Ritterrüstungen, die das Ganze dekorieren.

Wer eine Luxusreise machen will, der kann von Parador zu Parador ziehen, sollte aber vorher unbedingt reservieren. Das spanische Fremdenverkehrsamt hält einen Führer durch alle Unterkünfte bereit: «Guía de hoteles y pensiones», darin sind natürlich auch die Mittelklasse-Hotels und fast alle einfachen Pensionen aufgeführt.

Einzahl	**Mehrzahl**
un minut-**o**	dos minut-**os**
un billet-**e**	tres billet-**es**
una person-**a**	cuatro person-**as**
una español-**a**	cinco español-**as**

Mehrzahl der Wörter auf **-o, -a, -e**: **-os, -as, -es**

una habitació**n**	dos habitacion**es**
un tre**n**	dos tren**es**
un profeso**r**	tres profesor**es**

Mehrzahl der Wörter, die auf Konsonant (**d, j, l, n, r**) enden: **-es**

Nicht vergessen: Mehrzahl immer mit -s

tiene *Sie haben*

la habitación *das Zimmer*

para *für*

la persona *die Person*

un / una *ein / eine*

el momento *der Moment*

con *mit*

el baño *das Bad*

o *oder*

la ducha *die Dusche*

cuántas personas *wie viele Personen*

quiere *Sie wollen*

la cama *das Bett*

matrimonial *Ehe-, ehelich*

mejor *besser*

cuánto vale *wieviel kostet*

vale *es kostet*

mil *tausend*

aquí *hier*

su *Ihr, Ihre*

aquí lo tiene *hier haben Sie es*

su firma *Ihre Unterschrift*

la llave *der Schlüssel*

tiene

Bedeutet: *Sie haben*, oder als Frage: *haben Sie?* Es wird auch gebraucht im Sinn von: *es gibt, gibt es?*

¿Tiene telefóno?	Haben Sie (gibt es) Telefon?
¿Tiene una habitación?	Haben Sie ein Zimmer?
Aqui tiene el pasaporte.	Hier haben Sie den Paß.

Artikel

un	ein	**el**	der
una	eine	**la**	die

Aufgepaßt, es gibt nur zwei Artikel: männlich und weiblich. Das spanische Wort ist entscheidend für den Artikel: Auf deutsch kann es noch so unumstößlich *die* oder *eine* Nummer heißen, auf spanisch heißt es **el** oder **un número.**

Im Hotel

Hola, buenas tardes.	Hallo. Guten Tag.
Hola. ¿Tiene una habitación?	*Hallo. Haben Sie ein Zimmer?*
¿Para dos personas?	Für zwei Personen?
No, para una.	*Nein, für eine.*
Bueno, un momento …	Gut, einen Moment …
¿Con baño o ducha?	Mit Bad oder Dusche?
Con baño, por favor.	*Mit Bad bitte.*
Muy bien.	Sehr gut.

Una habitación, por favor.	Ein Zimmer, bitte.
¿Para cuántas personas, señor?	*Für wie viele Personen, mein Herr?*
Para dos, por favor.	Für zwei, bitte.
¿Quiere una cama matrimonial?	*Möchten Sie ein Ehebett?*
Bueno, eh, no, mejor con dos camas.	Gut ... emm, nein, besser mit zwei Betten.

¿Cuánto vale la habitación?	*Was kostet das Zimmer?*
Cinco mil, señor.	Fünftausend, der Herr.

Su pasaporte, por favor.	*Ihren Paß bitte.*
Aquí lo tiene.	Hier haben Sie ihn.
Su firma, por favor.	*Ihre Unterschrift, bitte.*
… Esteban Vilchez …	… Esteban Vilchez …
Aquí tiene la llave.	*Hier haben Sie den Schlüssel.*
Muchas gracias.	Vielen Dank.

Mehr Zahlen

10	diez	**20**	veinte	**30**	treinta
11	once	**21**	veintiuno	**40**	cuarenta
12	doce	**22**	veintidós	**50**	cincuenta
13	trece	**23**	veintitrés	**60**	sesenta
14	catorce	**24**	veinticuatro	**70**	setenta
15	quince	**25**	veinticinco	**80**	ochenta
16	dieciséis	**26**	veintiséis	**90**	noventa
17	diecisiete	**27**	veintisiete	**100**	cien
18	dieciocho	**28**	veintiocho	**200**	doscientos
19	diecinueve	**29**	veintinueve	**1000**	mil

1. Formulieren Sie die komplette Frage nach dem Preis

*«¿Cuánto vale **la habitación**?»*

1. la habitación
2. la ducha
3. el billete de segunda clase
4. el taxi
5. la habitación con tres camas
6. el billete a Madrid
7. el baño
8. el pasaporte
9. el hotel

2. Die richtige Antwort, a oder b?

1. ¿Cuánto vale por persona?
a Con baño por favor.
b Son cinco mil por persona.

2. ¿Tiene la llave?
a Sí, aqui la tiene.
b Siete mil.

3. ¿Tiene una habitación?
a Aquí tiene la llave.
b ¿Para una persona?

4. ¿Con dos camas?
a No, con dos camas.
b No, con una cama.

5. ¿La llave, por favor.
a Aquí la tiene.
b Para dos personas.

3. Was paßt zusammen?

1. una habitación	**a** por favor
2. un billete	**b** matrimonial
3. una cama	**c** con dos camas
4. un momento	**d** para Valencia

4. Händigen Sie aus

*«Aquí tiene **el pasaporte**.»*

1. el pasaporte **2.** la llave **3.** la firma **4.** el nombre **5.** el número de teléfono **6.** el billete **7.** la oficina **8.** el teléfono

Herumfahren

1200 Kilometer liegen zwischen Gerona und Huelva – bei solchen Entfernungen stellt sich die Frage: Wie reist man am besten?
El avión, das Flugzeug, ist zwar schnell, aber von der Landschaft bekommt man nicht viel mit. Außerdem: *vale mucho* – das kostet viel.

El tren, der Zug, braucht ewig, selbst der schnelle Talgo bringt es allenfalls auf eine Durchschnittsgeschwindigkeit von 90 Stundenkilometern. Ausnahme ist der neue AVE – das Wortspiel steht für Vogel und für die Abkürzung von *alta velocidad*, Hochgeschwindigkeit. Immerhin, die 500 Kilometer von Madrid nach Sevilla schafft er in drei Stunden. Die zweite Route verbindet Madrid mit Barcelona. Das Netz der staatlichen Eisenbahnen RENFE ist nicht sonderlich engmaschig geknüpft. Praktisch sind nur die großen Zentren und die Orte, die an der Strecke liegen, mit dem Zug erreichbar. In Ferienzeiten heißt es oft Schlange stehen vor der *taquilla*, dem Verkaufsschalter am Bahnhof. Das kann man umgehen, indem man ein Reisebüro sucht, das auch *billetes*, Zugfahrkarten, verkauft.

El coche, das Auto, ist auf der Iberischen Halbinsel das Verkehrsmittel Nummer eins. Da wundert es nicht, daß jede Stadtdurchquerung, die man nicht nachts unternimmt, zur stehenden Qual wird. Autofahrten strengen an auf langen Strecken, Benzin ist auch nicht gerade billig, und wenn es Autobahnen gibt, dann kostet die Maut ein kleines Vermögen. Wer Platz hat und wem es allein zu langweilig ist, der kann über *Iberostop* – so heißen die Mitfahrzentralen – in den größeren Städten zahlende Mitreisende finden.

Die Reise *en el bus*, im Bus, ist nicht unbequem. Doch ob man will oder nicht, man muß hirnrissige Videoschinken oder endloses Geplapper von dümmlichen Radiomoderatoren über sich ergehen lassen, weil *el chófer*, der Fahrer, seinen Finger am Knopf hat. Und wenn man keinen *bus directo* erwischt, dann geht es bei jedem Kaff von der Hauptstraße ab und im Schneckentempo durch das Dorfzentrum.

Wer sich für öffentliche Verkehrsmittel entscheidet, der braucht keine Angst vor Vereinsamung zu haben. Die Spanier benötigen kein Kontaktspray, unterwegs hält jeder gern ein Schwätzchen. *La conversación*, die Unterhaltung, war schon immer das Schmieröl für die Völkerverständigung. Wenn die Worte fehlen, dann helfen auch schon mal Gesten nach. Lustig ist es eh, wenn einer mit Armen und Händen fuchtelt, um zu erklären, daß er *mecánico* oder *profesor* ist.

está *ist, befindet sich*

la estación *der Bahnhof*

ni idea *keine Ahnung*

un poco *ein bißchen*

complicado *kompliziert*

está lejos
ist (befindet sich) weit

a diez minutos andando
10 Minuten zu Fuß

voy *ich gehe / fahre*

el taxi *das Taxi*

a *nach, zu*

el aeropuerto *der Flughafen*

para *nach / für*

segunda *zweite*

el billete *die Fahrkarte*

el tren *der Zug*

sale *fährt ab*

el andén *der Bahnsteig*

primera *erste*

cuándo *wann*

ahora mismo *jetzt gleich*

Mehrzahl

la persona	**las** person**as**	¿cuánt**as** person**as**?	wie viele Personen?
la cama	**las** cam**as**	¿cuánt**as** cam**as**?	wie viele Betten?
el baño	**los** bañ**os**	¿cuánt**os** bañ**os**?	wie viele Bäder?
el billete	**los** billet**es**	¿cuánt**os** billet**es**?	wie viele Fahrkarten?

Übrigens, auf spanisch stehen Frage- und Ausrufezeichen auch vor dem Satz, aber umgekehrt. ¿Schon gemerkt? ¡Sehr schön! ¿Schon daran gewöhnt? ¿Nee? ¡Macht nichts!

a + el → al

diese beiden Wörtchen verschmelzen

bonobus – Zehnerkarte

Im Tabakladen **estanco** erhält man die Zehnerkarten **bonobus** für die Stadtbusse: «**Un bonobús, ¡por favor!**»

Unterwegs

Señor, ¿dónde está la estación?	*Mein Herr, wo ist der Bahnhof?*
¡Ni idea!	Keine Ahnung!

Señora, ¿dónde está la estación?	*Meine Dame, wo ist der Bahnhof?*
Bueno, es un poco complicado.	Nun, das ist ein bißchen kompliziert.
¿Está lejos?	*Ist es weit?*
No, a diez minutos andando.	Nein, zehn Minuten zu Fuß.
¿Cómo voy?	*Wie gehe / fahre ich?*
Mejor en taxi, ¡eh!	Besser im Taxi.

¡Taxi!	*Taxi!*
Hola, buenos días.	Hallo, guten Tag.
Al aeropuerto, por favor.	*Zum Flughafen, bitte.*
Muy bien.	Sehr gut.

Dos billetes para Sevilla.	*Zwei Tickets nach Sevilla.*
¿En primera o segunda?	Erster oder zweiter (Klasse)?
En segunda, por favor.	*Zweiter bitte.*
Doce mil pesetas.	Zwölftausend Peseten.
¿El tren a Bilbao?	*Der Zug nach Bilbao?*
Andén número cuatro.	Bahnsteig Numero vier.
¿Cuándo sale?	*Wann fährt er ab?*
Ahora mismo. En dos minutos.	Jetzt gleich. In zwei Minuten.
¡Uyyy!	*Ohoo!*

Renfe – die staatliche Eisenbahn – bietet jede Menge Vergünstigungen

días azules	blaue Tage
tarjeta joven	Jugendkarte
tarjeta familiar	Familienkarte
tarjeta turista	Touristenkarte für alle Züge
categoría de honor	Ehrenkategorie, der große Karnickelausweis, Familien mit mindestens zehn Kindern zahlen 50%.

Üben

1. Wie lautet die richtige Antwort?

1. ¿Dónde está el aeropuerto?
a Es un poco complicado.
b Dos billetes al aeropuerto.

2. ¿En primera clase?
a Ahora mismo.
b No, en segunda, por favor.

3. ¿El tren a San Sebastián?
a ¿Al aeropuerto?
b Andén numéro tres.

4. ¿Cuándo sale?
a Dos mil pesetas.
b En dos minutos.

5. ¿Está lejos?
a En dos minutos.
b A dos minutos andando.

6. ¿Dónde está el tren?
a Andén numéro cinco.
b Muy bien.

2. Welches Wort paßt nicht?

1. hotel – habitación – billete – llave
2. billete – profesor – tren – estación
3. mañana – minuto – andén – hora
4. baño – llave – ducha – directo

3. Sagen Sie's in der Mehrzahl

1. un billete: ***dos billetes***
2. un aeropuerto: ....
3. una cama: ....
4. un minuto: ....
5. una firma: ....
6. una idea: ....
7. un tren: ....
8. una estación: ....
9. un profesor: ....

4. Wie heißt das auf spanisch?

1. keine Ahnung **2.** Bahnsteig **3.** erster Klasse, bitte **4.** ist das weit? **5.** zwölf Minuten zu Fuß **6.** das ist kompliziert **7.** der Flughafen **8.** wann fährt er ab? **9.** besser im Zug

5. Üben Sie Ihre Sprachwerkzeuge, und lösen Sie Fahrkarten

*«**Dos** billetes para **Sevilla**, por favor.»*

1. 2-Sevilla **2.** 3-Madrid **3.** 1-París **4.** 5-Málaga **5.** 2-La Coruña **6.** 4-El Ferrol del Caudillo

6 Lesen

Urlaub machen

Vamos a la playa – der alte Hit ist immer noch aktuell, Ferien an der Küste sind für die Spanier nach wie vor der Renner. Das Auto wird vollgepackt mit Kindern und Oma, zusätzliche Matratzen werden auf das Dach geschnallt, und los geht's ins *piso*, die Wohnung am Strand, gleich wieviel die Miete dafür kostet. Die spanische Mittelstandsfamilie blättert schon mal 200 000 Peseten für einen Monat in der Dreizimmerferienwohnung auf den Tisch. Der Urlaubsalltag sieht dann so aus: Frühstück, Strand, Mittagessen, *siesta*, Strand, Dusche, Umziehen, *paseo* – Spaziergang –, Aperitif, Abendessen, Fernsehen.

In den Ferienmonaten leert sich das Innere der Halbinsel, alles strömt an die Küsten. Das Sommerloch macht Madrid für den Besucher nicht gerade attraktiver: Nachts kühlt es nicht unter 35 Grad ab, man kann erst nach drei Uhr morgens einschlafen – *gracias a Dios* gibt es Kneipen, die so lange geöffnet sind. Leider mangelt es an kulturellem Angebot. Viele Läden sind geschlossen, ganze Straßenzüge präsentieren sich gespenstisch leergefegt. Mit dem Wohlstand ist auch der Urlaub zu den Spaniern gekommen, Ferien sind ein kollektives Bedürfnis, Reisen ein Statussymbol – gerade so wie andernorts auch.

Die meisten Spanier leiden an einem Mangel: Andere Sprachen sind nicht gerade ihr Ding. «Es gibt da gewisse Berührungsängste mit fremden Idiomen», würde der Psychologe formulieren. Also bleiben die meisten Spanier, obwohl Auslandsreisen kein großes finanzielles Problem mehr sind, im Land. Die Mutigen, die sich ins Ausland wagen, tun das in der Regel organisiert in einer Gruppe. Individualreisende, die sich auf eigene Faust durch fremde Länder schlagen, sind seltene Exemplare.

casas de labranza – Bauernhöfe

Wer es urig liebt und auch nichts gegen Familienanschluß einzuwenden hat, der besorge sich vom Fremdenverkehrsamt den Führer für Ferien auf dem Bauernhof: «Vacaciones en Casa de Labranza»

lernen 6

la peseta *die Pesete*

la semana *die Woche*

por semana *pro Woche*

el hombre *der Mensch / der Mann*

el día *der Tag*

al día *am Tag*

el desayuno *das Frühstück*

sin *ohne*

de nada *keine Ursache*

nada *nichts*

a qué hora *um wieviel Uhr*

el avión *das Flugzeug*

doce y media *halb eins*

media *halb*

hay *es gibt*

llega a *kommt an in*

mañana *morgen*

directo *direkt*

tarde *spät*

para en *hält an in*

el autobús *der Autobus*

habitaciones – Zimmer

una habitación individual	Einzelzimmer
una habitación de dos camas	Zimmer mit 2 Betten
una habitación de tres camas	Zimmer mit 3 Betten
una cama matrimonial	Doppelbett

Tageszeiten

la mañana	der Morgen
de la mañana	morgens
mañana por la mañana	morgen früh
la noche	die Nacht
de la noche	nachts
mañana por la noche	morgen abend/nacht

Im Hotel und unterwegs

¿Cuánto vale la habitación?	Was kostet das Zimmer?
Veinte mil pesetas.	*Zwanzigtausend Peseten.*
Por semana?	Pro Woche?
No, hombre no. Son veinte mil al día.	*Nein, Mensch, nein. Das macht 20 000 pro Tag.*
¿Con desayuno?	Mit Frühstück?
No. Son veinte mil sin desayuno.	*Nein. Das macht zwanzigtausend ohne Frühstück.*
Uyy, uyy ... adiós, muchas gracias.	Auf Wiedersehen, vielen Dank.
De nada, señor.	*Keine Ursache, mein Herr.*

¿A qué hora sale el avión?	Um wieviel Uhr geht das Flugzeug?
A las doce y media.	*Um halb eins (zwölf und halb).*
¿A qué hora llega a París?	Um wieviel Uhr kommt es in Paris an?
A la una y media.	*Um halb zwei (ein und halb).*

A Granada, por favor.	Nach Granada, bitte.
Hay un tren a las tres.	*Es gibt einen Zug um drei.*
¿Es directo?	Ist der direkt?
Sí, es directo.	*Ja, er ist direkt.*
¿A qué hora llega?	Um wieviel Uhr kommt er an?
Llega mañana a las siete.	*Er kommt morgen um sieben an.*
¿De la mañana?	Morgens?
No, de la tarde, señor.	*Nein, abends, mein Herr.*
Uyy, es muy tarde.	Ooh, das ist sehr spät.

A Santander, por favor.	*Nach Santander, bitte.*
¿A las cinco?	Um fünf?
Sí, muy bien. Dos billetes.	*Ja, sehr gut. Zwei Fahrkarten.*
Son ocho mil pesetas.	Das macht achttausend Peseten.
¿Para en Burgos?	*Hält er in Burgos?*
No, es un autobús directo.	Nein, es ist ein direkter Autobus.
¿Cuándo llega?	*Wann kommt er an?*
Llega a las diez de la noche.	Er kommt um zehn Uhr abends an.
¡¿A las diez de la noche?!	*Um zehn Uhr abends?!*

Üben

6

1. Sagen Sie die nächste Zahl

1. doce (12) ***trece***

2. cinco (5) **3.** nueve (9) **4.** tres (3) **5.** seis (6) **6.** veintidós (22) **7.** cuatro (4) **8.** dos (2) **9.** siete (7)

2. ¿«-s» oder «-es»?

1. dos día… **2.** tres autobus… **3.** los desayuno… **4.** muchos avion… **5.** dos semana… **6.** tres billet… **7.** cuatro profesor… **8.** ocho tren… **9.** los hombre…

3. Sagen Sie, um wieviel Uhr

1. 5:00 ***a las cinco***

2. 7:00 **3.** 8:00 **4.** 2:00 **5.** 10:00 **6.** 6:00 **7.** 4:00 **8.** 3:00 **9.** 1:00 (Vorsicht, hier: *a la* … ohne «s»)

4. Rätsel

1. Papier mit zwei Städtenamen darauf, wird oft abgerissen oder geknipst: ………………………………

2. Füllt morgens den Magen: ………………………………

3. Transportapparat über, unter und in den Wolken:

………………………………

4. Eigentlich für Ehepaare, läßt sich aber auch ohne Trauschein benutzen: ………………………………

5. Hafen für 3.: ………………………………

5. Üben Sie Ihre Sprechwerkzeuge, und fragen Sie nach der Abfahrt

¿Cuándo sale ***el avión****?*

1. avión **2.** tren a Bilbao **3.** autobús **4.** metro **5.** avión de la mañana **6.** autobús de la tarde **7.** Talgo a Santander

IVA – Mehrwertsteuer

In größeren Hotels kommt auf den Zimmerpreis noch el IVA (gesprochen: iba): *impuesto sobre el valor añadido* – Steuer auf den Wert hinzugefügt.

Alle Wörter

Unterkunft

Bad
el baño

Bett
la cama

wie viele Betten
cuántas camas

Dusche
la ducha

Ehe-
matrimonial

das Frühstück
el desayuno

Person
la persona

Schlüssel
la llave

Ihre Unterschrift
su firma

Zimmer
la habitación

Transport

10 Minuten zu Fuß
a diez minutos andando

der Flughafen
el aeropuerto

der Bahnsteig
el andén

die Fahrkarte
el billete

der Zug
el tren

der Bahnhof
la estación

fährt ab
sale

nach/für
para

das Taxi
el taxi

ich gehe/fahre
voy

Autobus
el autobús

Flugzeug
el avión

direkt
directo

kommt an in
llega a

hält an in
para en

Zeit und Zahlen

erste
primero/primera

halb
media

halb eins
doce y media

zweite
segunda

Tausend
mil

Pesete
la peseta

morgen
mañana

spät
tarde

Tag
el día

am Tag
al día

Woche
la semana

pro Woche
por semana

um wieviel Uhr
a qué hora

wann
cuándo

jetzt gleich
ahora mismo

Moment
el momento

Sonstiges

besser
mejor

ein bißchen
un poco

ein/eine
un / una

es gibt
hay

für
para

hier
aquí

hier haben Sie
aquí lo tiene

ist weit (befindet sich)
está lejos

keine Ahnung
ni idea

keine Ursache
de nada

kompliziert
complicado

kostet
vale

Mann!
hombre!

Mensch/der Mann
el hombre

mit
con

nach, zu
a

nichts
nada

oder
o

ohne
sin

Sie haben
tiene

Sie wollen
quiere

wieviel kostet?
¿cuánto vale?

alojamiento – Unterkunft

Die Häuser sind in Kategorien eingeteilt, haben immer außen das blaue Schild mit den entscheidenden Buchstaben:

H	für *hotel,* jeweils mit der Anzahl der Sterne
HS	für *hostal* – kleineres Hotel
CH	für *casa de huéspedes* – Gästehaus
P	für *pensión* und
F	für *fonda* – die einfachste Unterkunft.

In sehr touristischen Gegenden – fast überall am Meer – vermieten manche Ortsansässige auch privat. Auf einem Schild ist dann zu lesen: *camas* – Betten, *habitaciones* – Zimmer oder *se alquila apartamento / se alquila piso* – Wohnung zu vermieten.

las carreteras – die Straßen

autopista
Autobahn – kostet nicht gerade wenig Gebühr
carrretera nacional
Überlandstraße – die wichtigsten laufen sternförmig von Madrid weg und entlang der Küsten
carrretera comarcal
kleinere Straßen zwischen den Dörfern
calle
Straße innerhalb der Städte und Dörfer

Taxis

Taxis kann man per Telefon bestellen: *Radio-Taxi.* Viele Taxifahrer haben aber keinen festen Standplatz, kurven durch die Städte und lesen die Laufkundschaft auf. Nur wenn das grüne Lämpchen leuchtet, ist das Taxi frei.
In der Windschutzscheibe hängt auch eine Klappe:
grün: libre – frei / **rot**: ocupado – besetzt

coches de alquiler – Mietwagen

Oft ist es weit günstiger, sie schon zu Hause zu buchen. Vor Ort bieten kleinere Vermieter allerdings preisgünstigere Arrangements an als Herz, Avis und Konsorten.

Ⓩ Hier fehlt's

Lesen Sie sich den Text durch, und tragen Sie die fehlenden Wörter ein. Wenn Sie nicht mehr weiterwissen, dann dürfen Sie auf der nächsten Seite spicken:

En la ciudad desconocida

Dialog 1

Señora, ¿dónde .... el hotel Colón?
Bueno, es un poco complicado.
¿Está lejos?
No, a veinte .... andando.
¿Cómo voy?
Mejor en taxi, ¡eh!

¡Taxi!
Hola, ... noches.
Hola, ¿qué tal?
¿A la estación?
No, al hotel Colón, por favor.
Muy bien.
¿Está lejos?
No, son cinco minutos.
....
¿Cuánto vale?
Mil ....
Adiós.
Adiós, muchas gracias.

Dialog 2

Hola, buenas noches.
Buenas ...., señor.
¿Tiene una habitación, por favor?
¿Para cuántas .... , señor?
Para una, por favor.
¿Quiere una cama matrimonial?
Bueno, eh, no, mejor una .... individual.
¿Es para una noche?
Sí, mañana voy a Valencia.
¿En avión?
No, voy .... tren.
A las ocho sale un tren directo.
Ahh, muy bien. ¿A qué hora llega?
Ni idea, a las cinco .... la tarde.

Hören Sie sich die Dialoge an, vergleichen Sie die Lösungen, die Sie gefunden haben, und plappern Sie einfach nach:

In der fremden Stadt

Dialog 1

Señora, ¿dónde está la pensión Cervantes?
Bueno, no es complicado.
¿Está lejos?
No, a diez minutos andando.
¿Cómo voy?
Mejor en taxi, ¡eh!

¡Taxi!
Hola, buenos días.
Hola, ¿qué tal?
¿Al aeropuerto?
No, la pensión Cervantes, por favor.
Muy bien.
¿Está lejos?
No, son ocho minutos.
....
¿Cuánto vale?
Ochocientas pesetas.
Adiós.
Adiós, muchas gracias.

Dialog 2

Hola, buenos días.
Buenos días, señor.
¿Tiene una habitación, por favor?
¿Para cuántas personas, señor?
Para dos, por favor.
¿Quiere una cama matrimonial?
Bueno, eh, no, mejor dos camas.
Es para una semana?
No, mañana vamos a Valencia.
¿En autobús?
No, vamos en tren.
A las nueve y media sale un tren directo.
Ahh, muy bien. ¿A qué hora llega?
Ni idea, a las siete de la tarde.

Ⓩ

Prüfstand

1. Haben Sie aufgepaßt? Was ist richtig?

1. *Paradores Nacionales* bedeutet
a Fremdenverkehrsamt.
b Nationalparade.
c historische Hotels.

2. Taxifahrer
a kassieren Mehrwertsteuer.
b kutschieren durch die Pampa.
c nehmen extra fürs Gepäck.

3. *Se alquila piso* bedeutet
a Wohnung zu vermieten.
b hier nicht urinieren!
c alle Kilos wiegen.

4. *Cama matrimonial* bedeutet
a Ehekrise.
b Doppelbett.
c Mutters Kammer.

5. *AVE* heißt
a die Mehrwertsteuer.
b eine Inlandsfluglinie.
c der Hochgeschwindigkeitszug.

6. *Iberostop* ist der Name
a für Einfuhrbeschränkung von Rotwein.
b für Mitfahrzentralen.
c für Ampel.

7. *Días azules* ist
a das Delirium tremens.
b Ermäßigung bei der Eisenbahn.
c Urlaub an der Côte.

8. Spanier fahren im Urlaub
a meistens ans Meer.
b meistens ins Ausland.
c meistens zum Psychologen.

2. Sagen Sie`s auf deutsch

1. Hay un avión a las cinco y media. **2.** Son doce mil pesetas. **3.** Ni idea. **4.** ¿Cuánto vale su firma? **5.** ¿Quiere una habitación con ducha? **6.** Es un poco lejos. **7.** El tren para en Toledo. **8.** Ahora mismo sale. **9.** Aquí tiene la llave.

Z

3. Wie lautet die richtige Antwort?

1. ¿A qué hora sale el autobús?
   a Ni idea.
   b Es un autobús directo.

2. ¿Por semana?
   a A la una y media.
   b No, al día.

3. ¿Es directo?
   a No, para en Burgos.
   b El jefe es el director.

4. ¿Tiene una habitación?
   a Sí, la llave.
   b ¿Para cuántas personas?

5. ¿A qué hora llega el tren a Bilbao?
   a A las tres.
   b Tres mil pesetas.

6. ¿Hay un avión a Caracas?
   a Sí, en la habitación.
   b Sí, a las diez de la noche.

4. Was sagen Sie in dieser Situation?

1. Am Schalter: Sie möchten drei Fahrkarten nach Alicante.
2. Im Taxi: Sie möchten zum Bahnhof.
3. Im Flughafen: Sie möchten ein Ticket zweiter Klasse nach Caracas.
4. Auf der Straße: Sie fragen, wo der Flughafen ist.
5. Im Zug vor der Abfahrt: Sie möchten wissen, wann er abfährt.
6. Im Bus: Sie möchten wissen, ob es weit ist.

5. Was paßt zusammen?

1. Dos billetes
2. ¿Cuándo sale
3. El billete vale
4. El tren sale
5. ¿Dónde está

a diez mil pesetas.
b el aeropuerto?
c en vía número siete.
d a Zaragoza, por favor.
e el tren para Gerona?

Comer y beber
Essen und Trinken

Laßt, Herr, uns andre Länder schauen, so wird mein Bäuchlein sich erbauen», sagt Sancho Pansa zu seinem Herrn Don Quijote. Schon damals heißt richtig reisen auch die Sinne öffnen für das Neue.
Unterwegs sein bedeutet noch heute vor allem essen und trinken, Neues und Ungewohntes schmecken. Ganz Besessene gehen auf kulinarische Tour, machen ihren Gaumen zum Mittelpunkt. Zugegeben – solche Touren haben schöne Namen: «Viersternerestaurants in den Ostpyrenäen» oder «Auf den lukullischen Spuren der Mauren rund um Valencia». Aber nach ein paar Tagen Völlerei stellt sich garantiert die Sehnsucht nach Käsebrot oder Kartoffelsalat ein.
Spanien bietet dem reiselustigen Gaumen alles zwischen herber Enttäuschung und Eintritt in nie geschmeckte Welten. Ob hervorragend oder miserabel, billig ist das Essen auswärts selten. Die Riege der Kochkünstler aus der Tradition der Nouvelle cuisine ist unüberschaubar geworden, in irgendeinem Provinznest meint man einen Spitzenkoch entdeckt zu haben und darf hinterher feststellen, daß dieser längst in einschlägigen Restaurant-Führern mit zwei oder vier Gabeln dekoriert ist. Echter ist die Entdeckerfreude, wenn man auf regionale Küche stößt, die nach jahrhundertealter, von Müttern zu Töchtern vererbter Tradition

schmeckt. Dieser Ausdruck kultureller Vielfalt wird heute bewußt gepflegt, um den Vormarsch der interkontinentalen Einheitskocherei ein bißchen aufzuhalten.

Bescheidenes Frühstück

Wer nordländische Frühstücksrituale erwartet, der sollte bei einem nordländischen Reiseveranstalter ein nordländisch geführtes Hotel buchen, um mit Nordländern nordländisch frühstücken zu können. In Spanien fällt *el desayuno*, das Frühstück, asketisch aus. Wörtlich übersetzt heißt es: entfasten, das heißt dem Magen (irgend etwas) zuführen. Das ist meist ein *café con leche* und eine *tostada*, getoastetes Brot, mit, *mantequilla*, Butter, *manteca*, paprikagewürztem Schweineschmalz, oder *mermelada*. Im Süden wird die *tostada* auch mit Olivenöl und einer Knoblauchzehe serviert. Diese verreibt man auf dem trockenen Toast und gibt dann ein bißchen Öl drüber *(tostada con aceite y ajo)*. Müsli, Cornflakes, Rühreier mit Schinken oder Pumpernickel darf man beim Aufenthalt südlich der Pyrenäen getrost vergessen.

Ir de tapeos

Das heißt nichts anderes als durch die Kneipen bummeln, wobei man für die Bierchen oder Weinchen eine Grundlage schafft mit *tapas* oder *raciones* – das sind *tapas* auf großen Tellern. Man steht, spricht mit erhobener Stimme, weil alle es tun und außerdem der Fernseher lärmt. Die kleinen Zahnstocher auf der Theke dienen als Gabel. Es ist durchaus üblich, daß alle sich von einem Teller bedienen.

Kleine Fische

Das Mittelmeer ist ökologisch am Umkippen, die Atlantikküste wird regelmäßig von verheerenden Tankerunfällen heimgesucht. Egal, die Spanier sind verrückt wie immer nach Fisch. Immer weiter müssen die Fischerboote ausfahren, nach Westafrika oder nach Neufundland, um Fische in lohnenden Mengen zu finden. Die Fanggründe vor der eigenen Küste sind längst hoffnungslos abgegrast. Die Ökologen kämpfen gegen die zerstörerische Schleppnetzfischerei, das zuständige Ministerium untersagt streng den Fang nicht ausgewachsener Fische, aber der Raubbau an der Natur geht weiter. Viele Arbeitslose an den Küsten holen mit kleinen Booten täglich ihre zwei Eimer Jungfische aus den Küstengewässern und finden so ihr bescheidenes Auskommen. In den Kneipen landet die Beute dann als *chanquetes* getarnt und frittiert. «Nach mir die Sintflut», lautet die Devise der kleinen Fischer, die Polizei drückt derweil beide Augen zu.

Madrid ist übrigens die Stadt, deren Bevölkerung neben den Japanern den höchsten Quecksilbergehalt im Blut hat. Das kommt vom vielen vergifteten Fisch auf dem Speiseplan. Überall in den Fischerhäfen ist zu beobachten, daß ein Großteil der versteigerten Fänge direkt nach Madrid geht. Angeblich ist der Fisch in Madrid – immerhin der Ort innerhalb Spaniens, der am weitesten vom Meer entfernt ist – am frischesten. Der Weg der Kabeljaus und Seehechte geht so: Fischen, einfahren, versteigern, verladen und über Nacht ab nach Madrid.

Erstaunlich voll, obwohl meistens überteuert, sind die *marisquerías*, auf edel getrimmte Kneipen mit allem, was das Meer bietet: Krebse, Krabben, Muscheln. Liebhaber der Meeresfrüchte gehen hier ihrer Leidenschaft nach. Moderner Luxus heißt auch im Stehen mal kurz für 4000 Peseten zum Bierchen einen halben Hummer verzehren. Aber bitte möglichst so, daß man dabei gesehen wird.

desayunar *frühstücken*

el café con leche *der Milchkaffee*

el té *der Tee*

de comer *zu essen*

la tostada *der Toast*

la mantequilla *die Butter*

el aceite *das Öl*

el ajo *der Knoblauch*

tienen *sie haben*

el croisán *das Croissant*

entonces *also*

lo siento *es tut mir leid*

oiga *hören Sie!*

voy *ich komme / gehe*

un poco de *ein bißchen*

el pan *Brot*

tanto *soviel*

la lista de precios *die Preisliste*

Café in allen Variationen

un café sólo	ein starker kleiner
un café con leche	– mit ordentlich Milch
un cortado	– mit einem Schuß Milch
un carajillo	– mit einem Schuß Kognak
una leche manchada	heiße Milch mit etwas Kaffee
un café Jacobs	gibt's nicht, überwinternde Rentner bringen sich den mit

oiga

Vorbei die Zeiten, daß der Kellner sich herbeizitieren ließ mit Händeklatschen, Fingerschnalzen oder gezischtem «Ssss -Ssss».
«Oiga» rufen, den Arm heben und etwas Geduld haben, dann kommt er hoffentlich.

Ich koomme!

Die Spanier sehen es andersherum, aus ihrer Sicht nämlich. Jemand ruft oder es klingelt an der Tür. Dann kündigt man sich an: Ich geeehe … «**voy**». Das hört sich etwa so an: *[Boooohoi]*

7 Reden

Das Frühstück

Hola.	Tag.
¿Quiere desayunar?	*Möchten Sie frühstücken?*
Sí, por favor.	Ja, bitte.
¿Un café con leche?	*Ein Kaffee mit Milch?*
No. Té por favor.	Nein. Tee bitte.
Un té ... ¿y de comer?	*Ein Tee ... und zum Essen?*
Una tostada.	Einen Toast.
¿Con mantequilla?	*Mit Butter?*
No, no. Con aceite y ajo,	Nein, nein, mit Öl und Knoblauch.
Uyy, ¡con aceite y ajo! Muy bien.	*Ooh, mit Öl und Knoblauch! Sehr gut.*

¿Desayuno?	Frühstück?
Sí, por favor.	*Ja, bitte.*
¿Café quiere?	Möchten Sie Kaffee?
Sí, con leche.	*Ja, mit Milch.*
De comer, ¿una tostada?	Zum Essen einen Toast?
¿No tienen croisáns?	*Haben Sie keine Croissants?*
Ah no, lo siento.	Ah nein, das tut mir leid.
Entonces una tostada con mermelada.	*Also ein Toast mit Marmelade.*

¡Oiga!	Hallo! (Hören Sie)
Un momento.	*Einen Moment.*
¡¡Oiga!!	Halloo!!
Voy.	*Ich komme.*
¡¡¡Oiga!!!	Hallooo!!!
Ahora mismo	*Sofort.*
Oiga.	Hallo.
Sí, señora.	*Ja, die Dame.*
Un poco de pan, por favor.	Ein bißchen Brot, bitte.

¿Cuánto es?	*Wieviel macht das?*
Mil doscientas.	Tausendzweihundert.
¿Cuánto vale la tostada?	*Was kostet der Toast?*
Quinientas.	Fünfhundert.
¿Qué? ¿Tanto?	*Was?? Soviel?*
Aquí tiene la lista de precios.	Hier haben Sie die Preisliste.

1. Welche Antwort paßt?

1. ¿Quiere desayunar?	**a** Lo siento. **b** Café con leche y un croisán, por favor.
2. ¿Cuánto es?	**a** Son las cuatro. **b** Cuatro mil pesetas.
3. ¿No tiene café?	**a** No, sólo tenemos Coca Cola y leche. **b** No tenemos café con leche.
4. ¿Cuánto vale el desayuno?	**a** Son las seis. **b** Seiscientas pesetas.
5. ¿No tienen té con leche?	**a** Ah no, lo siento. **b** Aquí tiene la lista de precios.

2. Sie sitzen ganz ungeduldig in der Kneipe. Rufen Sie den Kellner und bestellen Sie

*«Oiga, un **café**, por favor.»*

1. café **2.** tostada con mantequilla **3.** pan con mermelada **4.** café con leche **5.** té con leche **6.** croisán **7.** Coca Cola

3. Wie heißt's im Plural?

1. un café – dos ....

2. un desayuno – dos ....

3. un pan – dos ....

4. una lista – dos ....

5. una tostada – dos ....

6. un té – dos ....

Achtung Endung

doscientas	pesetas
doscientos	aeropuertos
trescientas	cervezas
trescientos	momentos
cuatrocientas	personas
cuatrocientos	vinos

4. Wie sagen die Spanier?

1. ein bißchen Brot **2.** es tut mir leid **3.** dann einen Toast **4.** mit Öl und Knoblauch **5.** möchten Sie essen? **6.** was kostet ein Tee?

Fragen

¿qué?	was?
¿tanto?	soviel?
¿cuánto?	wieviel?

Tapas

Die Legende erklärt ihre Herkunft so: In Jerez reifen die gleichnamigen *fino*-Weine in den mehrschiffigen *bodegas*, den riesigen Weinkellern. Die Trinker mißtrauen dem Reifungsprozeß und müssen immer wieder Qualitätskontrollen durchführen, sprich sich mit einem kleinen Schlauch die entsprechenden Proben aus den Fässern in die Gläser zapfen. Leider sind die Trinker nicht unter sich, auch viele Fliegen lieben die Kühle der *bodegas* mit ihrer sherrygeschwängerten Luft. Die Fässer sind zu, da bleiben nur die Gläser. Aber die bösen Insekten unterschätzen die Wirkung des Alkohols, gehen im Glas nicht selten jämmerlich zugrunde und drohen dann in die Schlünde der Süffler gespült zu werden. Und das will man verhindern, indem man das Glas mit einem Stück trockenen Brotes zudeckt (*tapar* – bedecken, *tapa* – Deckelchen). Beim Trinken nimmt man den Schutz vom Glas und kann auch mal reinbeißen.
Mit der Zeit wurden diese Brotscheiben garniert mit Oliven, Sardellen oder einem Stückchen Käse. Immer raffinierter wurden die *tapas* und haben sich als kulinarische Spezialität verselbständigt. Man bekommt sie zum *vino* genauso wie zur *cervecita.* Eine besondere Augenweide und Gaumenfreude sind sie – der Rest Spaniens möge es uns verzeihen – im Baskenland. Wer sich über Biarritz und Irún Spanien nähert, der sollte mal in San Sebastián haltmachen für eine *tapa*-Orgie. In den Kneipen der Altstadt biegen sich die Theken unter den Bergen von kleinen eßbaren Kunstwerken. Nachteil: man muß sie bezahlen. Immerhin auf Vertrauensbasis: Man bedient sich, sooft es einen gelüstet, merkt sich, was man hatte, und sagt das dann dem Kellner, der die Rechnung macht.
In Granada und Almería werden die *tapas* noch umsonst zu Bier und Wein gereicht, zum Leidwesen der Wirte. Manch ein Gast hat sich dort schon das Abendessen gespart, weil er nach vier, fünf Bierchen und den entsprechenden *tapas* sich pappsatt aus der Kneipe trollte.

Paella

Das Nationalgericht ist so etwas wie unser Sonntagsbraten. Regelmäßig Sonntag mittags steht die *paella* auf dem Familientisch. Es gibt unzählige Variationen, wie dieses Reisgericht zubereitet wird: mit Huhn, mit Kaninchen, mit Fisch, mit Meeresfrüchten oder auch ganz schwarz mit Tintenfisch in Tinte. Oft steht auf der Karte im Restaurant: «...à la valenciana». Aus Valencia kommt der gute Reis, und die Valencianer sind unbestritten die Meister der *paella.* Die Hausfrau aus La Coruña oder Málaga wird das aber energisch bestreiten.

la cerveza *das Bier*

algo más *sonst noch etwas*

el vaso *das Glas*

el agua mineral
das Mineralwasser

algún, alguna dazu *ein, -e*

la tapa *die Tapa*

depende *es kommt drauf an*

la ensalada de tomates
der *Tomatensalat*

el pescado *der Fisch*

el queso *der Käse*

nada más *nichts mehr*

el plato del día *das Tagesgericht*

tenemos *wir haben*

hoy *heute*

el pollo *das Hähnchen*

el arroz *der Reis*

las patatas fritas
die Pommes frites

de beber *zu trinken*

el vino blanco *der Weißwein*

la cuenta *die Rechnung*

en seguida *sofort*

paella – nur mittags

Die Spanier finden, daß die *paella* schwer im Magen liegt, und würden sie abends nie essen.

Bier in allen Variationen

una cerveza	ein Bier
una caña	ein kleines gezapftes
un quinto	Null Komma zwei
un tubo	ein mittleres
un tercio	Null Komma drei
un tanque	ein großes (wörtlich:Panzer)
una jarra de cerveza	ein Krug Bier (den bestellen Gruppen, die zusammensitzen)
un botellín	ein Fläschchen, ungezapft mit Kronkorken

Zauberwort «depende»

Immer dann, wenn man sich nicht festlegen möchte, hilft ein *«kommt drauf an»*, auf spanisch: **«depende»**.

In der Kneipe

Buenos días.	*Guten Tag.*
Hola.	Tach.
Dos cervezas, por favor.	*Zwei Bier, bitte.*
Ahora mismo. ¿Algo más?	Sofort. Sonst noch etwas?
Sí, un vaso de agua mineral.	*Ja, ein Glas Mineralwasser.*
¿Alguna tapa?	Eine tapa?
Depende. ¿Qué tapas tiene?	*Kommt drauf an. Was für tapas haben Sie?*
Hay ensalada de tomates, pescado, queso …	Es gibt Tomatensalat, Fisch, Käse …
Mmmm, una tapa de queso, por favor.	*Mmmm, eine tapa mit Käse, bitte.*
¿Nada más?	Sonst nichts?

¿El plato del día?	*Das Tagesgericht?*
Hoy tenemos pollo.	Heute haben wir Hähnchen.
¿Con arroz?	*Mit Reis?*
No, con patatas fritas.	Nein, mit Pommes frites.
Muy bien, un pollo con patatas fritas.	*Sehr gut, ein Hähnchen mit Pommes frites.*
¿De beber?	Zu trinken?
Un vino blanco y un vaso de agua mineral.	*Einen Weißwein und ein Glas Mineralwasser.*
Ahora mismo.	Sofort.

La cuenta por favor.	*Die Rechnung bitte.*
Voy.	Ich komme.
Oiga, la cuenta por favor.	*Hallo, die Rechnung bitte.*
Un momentito.	Einen kleinen Moment.
Oiga, por favor, ¡¡la cuenta!!	*Halloo, bitte die Rechnung!*
En seguida.	Sofort.

tener

tengo	ich habe
tiene	er/sie hat; Sie haben
tenemos	wir haben
tienen	sie haben

Zeit rausschinden

un momentito	einen kleinen Moment
un momento	einen Moment
en seguida	sofort
ahora mismo	jetzt gleich

Üben

(8)

1. Was gehört zusammen?

1. lo siento
2. el plato del día
3. de comer
4. depende
5. con leche, por favor

a kommt drauf an
b zu essen
c mit Milch, bitte
d es tut mir leid
e das Tagesgericht

2. Fragen Sie nach dem Preis. Achten Sie auf den Artikel «el» oder «la».

*«¿El **pollo**, cuánto es?»*

1. pollo **2.** agua mineral **3.** pescado **4.** vino **5.** tapa de queso **6.** cerveza **7.** tostada **8.** el plato del día **9.** la leche

3. Sie haben sich den Bauch vollgeschlagen in einem teuren Restaurant, aber leider kein Geld dabei zum Zahlen. Jetzt müssen Sie kellnern. Fragen Sie die Gäste, ob sie das wollen, was Sie vorschlagen.

*«¿Quiere una **tostada con manteqilla**»?*

1. tostada con mantequilla **2.** tapa de jamón **3.** sopa de pescado **4.** plato de carne **5.** cerveza **6.** café con leche **7.** cuenta **8.** agua mineral

4. Der Kellner nimmt die Bestellung auf und fragt nach mehr. Der Gast sagt, daß es reicht.

Kellner: *«Una **ensalada**. ¿Algo más?»*
Gast: *«No, nada más.»*

1. ensalada **2.** plato de jamón **3.** dos de carne con tomate **4.** pollo con arroz **5.** tapa de queso **6.** vino blanco **7.** jarra de cerveza **8.** tostada con aceite y ajo

5. Auf spanisch?

1. die Pommes frites **2.** der Weißwein **3.** der Tomatensalat **4.** das Mineralwasser **5.** das Hähnchen mit Reis **6.** sofort

La dolorosa – die Leidvolle

Mit diesem biblischen Namen umschreibt man die Rechnung. Wenn man zusammen ißt oder trinkt, gilt die Regel, daß einer die Bezahlung übernimmt. Man sollte die schnelle und große Gastfreundschaft der Spanier nicht überstrapazieren und sich – notfalls energisch insistierend – revanchieren. Ein bißchen Theater gehört zu dem Ritual. Zecht man in Gruppen, so ist keinem zuzumuten, daß er für alle löhnt. Also wird ein *mocho* gemacht, das heißt das Geld zusammengelegt. *Pagar a la catalana* – jeder bezahlt seine *consumición* (Verzehr) –, das gilt als kleinlich. Die als sparsam geltenden und im regionalen Vergleich wohlhabenderen Katalanen bekommen durch solche Ausdrücke ihr Fett ab. Eine ungeschriebene Regel ist übrigens, daß derjenige, der offensichtlich mehr Geld hat, auch eher mal einlädt.

El libro de reclamaciones

Das Beschwerdebuch muß in jedem Hotel, in jeder Bar und in jedem Restaurant auf Verlangen ausgehändigt werden. Man sollte nur dann davon Gebrauch machen, wenn man wirklich dreist betrogen oder allzu unverschämt behandelt wurde. Allerdings hat es keinen Zweck, nicht auf spanisch sein Leid zu schildern. Kontrolleure des *ministerio de turismo* nehmen regelmäßig Einblick in das *libro de reclamaciones* und stellen den Wirt zur Rede. Das lieben die Wirte nicht, allerdings werden sie durch den Eintrag ins Klassenbuch nicht gleich ihre Lizenz verlieren.

La lista de precios

Manch einer leidet im Ausland an einer Paranoia: Er denkt, alle Welt wolle ihn, wenn es ans Bezahlen geht, über den Tisch ziehen. Die Spanier sind kein Volk von Betrügern. Allerdings gilt, daß Herden von Touristen den Gedanken ans schnelle Geld nahelegen. Je weiter weg man von den Touristenzentren ist, desto unwahrscheinlicher ist auch, daß ein Kellner ungebeten mal kein Wechselgeld herausrückt oder um 20 Prozent aufschlägt. Wer unsicher ist, der kann sich die *lista de precios*, die Preisliste, zeigen lassen.

la sopa *die Suppe*

la carne *das Fleisch*

dos de *zwei Portionen ...*

el plato *der Teller, die Portion*

los espaguetis *die Spaghetti*

tomar *trinken*

el zumo de naranja
der Orangensaft

el postre *die Nachspeise*

el flan
der Flan, Karamelpudding

dulce *süß*

mucho *sehr*

el resto *der Rest*

usted *Sie*

muchísimas gracias
vielen, vielen Dank

Zweimal tomar

tomar el tren	den Zug nehmen
tomar un vino	einen Wein trinken

tomar → 1. nehmen 2. trinken

Etwas, wenig oder nichts

alguna tapa	(noch irgend)eine Tapa
algún vino	(noch irgend)ein Wein
algo más	(irgend)etwas mehr (sonst noch etwas)
un poco de vino	ein bißchen Wein
nada más	nichts mehr (es reicht)

Wein in allen Variationen

un blanco	ein Weißer
un tinto	ein Roter
un fino	ein Sherry
un tinto de verano	ein gespritzter Roter (Sangría light)
una copa	ein Glas
una copa de champán	ein Glas Sekt

Im Restaurant

Hola, buenas tardes.	*Einen schönen guten Tag.*
Hola.	Tag.
¿Qué hay de comer?	*Was gibt's zum Essen?*
Hay sopa, pescado, carne …	Es gibt Suppe, Fisch, Fleisch …
Bueno, ¿carne con tomate tiene?	*Nun, haben Sie Fleisch in Tomatensoße?*
Sí.	Ja.
Entonces dos de carne con tomate.	*Also zwei(mal) Fleisch in Tomatensoße.*
¿Algo más?	Noch etwas?
Sí, un plato de espaguetis.	*Ja, einen Teller Spaghetti.*
Muy bien.	Sehr gut.

Oiga.	*Hallo.*
Hola, ¿qué quiere tomar?	Tag, was trinken Sie?
Un zumo de naranja.	*Einen Orangensaft.*
En seguida.	Sofort.

¿Quiere un postre?	*Möchten Sie einen Nachtisch?*
Depende. ¿Qué postres tiene?	Kommt drauf an. Was für Nachtische haben Sie?
Hay flan o naranjas.	*Es gibt Flan oder Orangen.*
El flan … ¿es dulce?	Der Flan … ist er süß?
No mucho.	*Nicht sehr.*
Entonces un flan.	Also einen Flan.

¿Cuánto es?	*Was macht das?*
Cuatro mil seiscientas pesetas.	Viertausendsechshundert.
Aqui tiene cinco mil.	*Hier haben Sie fünftausend.*
Gracias.	Danke.
El resto es para usted.	*Der Rest ist für Sie.*
Ah, muchísimas gracias.	Ah, vielen, vielen Dank.

Danke schön

gracias	danke
muchas gracias	vielen Dank
muchísimas gracias	vielen, vielen Dank

Üben 9

1. Welche Antwort paßt?

1. ¿Qué quiere comer? **a** Un plato de pescado con patatas.
b La lista de precios.

2. ¿Qué tapas tiene? **a** Tenemos queso, gambitas y jamón.
b Tenemos café, té y zumo.

3. ¿Alguna tapa? **a** Sí, por favor.
b Nada más.

4. ¿De comer? **a** Un vino blanco.
b Una tapa de pescado.

5. ¿Un cerveza quiere? **a** No, un agua mineral, por favor.
b No tenemos cerveza.

2. Sagen Sie's auf spanisch

1. ein Weißwein **2.** ein Huhn mit Reis **3.** eine Käse-Tapa **4.** eine Suppe **5.** ein Orangensaft **6.** ein Teller Spaghetti **7.** das Frühstück **8.** ein Toast mit Knoblauch **9.** ein Teller Sardinen **10.** ein Sherry **11.** ein Milchkaffee **12.** die Rechnung.

3. Was gehört zusammen?

1. un café
2. un plato
3. un vino
4. una tostada
5. un vaso de

a zumo de naranja
b blanco
c con leche
d de espaguetis
e con aceite y ajo

4. Sagen Sie's in der Mehrzahl

1. una tapa — cuatro ....
2. cerveza — nueve ....
3. vaso — dos ....
4. vino — cinco ....
5. cuenta — diez ....
6. zumo — muchos ....
7. pollo — tres ....
8. plato — cinco ....
9. queso — ocho ....

Z

Alle Wörter

Morgens

Milchkaffee
el café con leche

Tee
el té

Orangensaft
el zumo de naranja

Brot
el pan

Butter
la mantequilla

Croissant
el croisán

Toast
la tostada

Knoblauch
el ajo

Öl
el aceite

Essen

Fisch
el pescado

Karamel-pudding
el flan

Fleisch
la carne

Hähnchen
el pollo

Nachspeise
el postre

Pommes frites
las patatas fritas

Reis
el arroz

Spaghetti
los espaguetis

Suppe
la sopa

Tagesgericht
el plato del día

Teller, Portion
el plato

Tomatensalat
la ensalada de tomate

Kneipe

Bier
la cerveza

Mineralwasser
el agua mineral

Glas
el vaso

Weißwein
el vino blanco

Käse
el queso

Tapa
la tapa

Rechnung
la cuenta

Rest
el resto

Drum und Dran

ein bißchen
un poco de

eine, dazu eine
alguna

also
entonces

nichts mehr
nada más

Preisliste
la lista de precios

sehr
mucho

Sie
usted

sofort
en seguida

sonst noch etwas
algo más

soviel
tanto

süß
dulce

vielen, vielen Dank
muchísimas gracias

zwei (Portionen) …
dos de …

Verben

essen
comer

frühstücken
desayunar

hören Sie!
oiga

kommt drauf an
depende

ich komme/ gehe
voy

sie haben
tienen

trinken
tomar

trinken
beber

wir haben
tenemos

es tut mir leid
lo siento

Gastronomische Palette

bar	Kneipe, keinesfalls (Nacht-)Bar
cafetería	Café mit Kneipenbetrieb
mesón	rustikales Mittelding zwischen Kneipe und Restaurant
venta	Überlandgasthof mit deftiger Kost
restaurán	Restaurant mit meist gepfefferten Preisen
heladería	Eiscafé
churrería	Churros-Bäckerei
pizzería	dreimal dürfen Sie raten
restaurante chino	Chinese
chiringuito	Strandkneipe
marisquería	Edelkneipe mit Meeresfrüchten
cervecería	Bierlokal
pub	Möchtegern-Schickimicki
discoteca	zweimal dürfen Sie raten

raciones

Wem die **tapas** nicht reichen, weil er zuviel Hunger hat, der bestellt einfach einen ganzen Teller: **«una ración»**. Kurz auch:

una de queso	eine Portion Käse
una de pollo	eine Portion Hähnchen
una de pescado	eine Portion Fisch

chocolate con churros

Das sind triefende Schmalzkringel, die man in heißen, mit Maizena gedickten Kakao tunkt. Das Ganze ist so abartig, daß man es nur spät, spätnachts, beziehungsweise früh, frühmorgens, nach durchzechter Nacht, runterkriegt. Ein Betthupferl noch auf der Straße, das auch in der Hoffnung verzehrt wird, daß es den Alkoholspiegel im Blut reduzieren hilft. Am besten schmecken die *churros* frisch aus der Pfanne. Das Pulver für den gedickten Kakao ist auch im Laden erhältlich. *Chocolate con churros* ist ein obligatorisches Ritual auf allen Ferias und anderen Festen.

(Z) Hier fehlt's

Lesen Sie sich den Dialog durch, und tragen Sie die fehlenden Wörter ein. Wenn Sie nicht mehr weiterwissen, dann dürfen Sie auf die nächste Seite schielen:

En un restaurante

Dialog 1

Hola, ... noches.
Muy buenas noches.
¿Qué hay .... comer?
Hoy tenemos sopa de pescado.
¿Nada más?
Bueno, hay pollo con .... fritas.
¿No tiene carne con arroz?
Sí, hay.
¿El .... del día?
Es sopa de patatas.
¿Espaguetis tiene?
Sí, tenemos espaguetis.
Bueno, un .... de espaguetis y un plato del día.
¿Nada más?
Sí, una ensalada para tres ....
Muy bien. ¿De beber?
Una cerveza y una Coca Cola.
Muy bien. ¿Alguna tapa?
Sí, una tapa de queso, ... favor.

Dialog 2

¿Postre quiere?
Depende. ¿Que .... tienen?
Tenemos flan y arroz con leche.
¿Es dulce el arroz con leche?
No, no es .... dulce.
Entonces dos flanes.
¿Quiere café con el postre?
Sí, un café sólo, por favor.

Dialog 3

La cuenta por favor.
Voy.
Oiga, la .... por favor.
Un momentito.
Oiga, por favor, ¡¡la cuenta!!
En seguida ... Son seis mil pesetas.
¿Tanto? Ehhh, ¡no .... dinero!

Hier steht's

Hören Sie sich den Dialog von der Cassette an, oder lesen Sie ihn sich durch. Vergleichen Sie dann die Lösungen, die Sie gefunden haben, und plappern Sie einfach nach:

In einem Restaurant

Dialog 1

Hola, buenos días.
Muy buenos días.
¿Qué hay de comer?
Hoy tenemos carne con tomate.
¿Algo más?
Bueno, hay pescado, pollo ...
¿El plato del día?
Arroz con pollo.
¿Espaguetis tiene?
Sí, tenemos espaguetis.
Bueno,un plato de espaguetis y una sopa.
¿Nada más?
Sí, una ensalada para dos personas.
Muy bien. ¿De beber?
Un vino tinto y una Coca Cola.
Muy bien. ¿Alguna tapa?
Sí, una tapa de carne con tomate.

Dialog 2

¿Postre quiere?
Depende. ¿Qué postres tienen?
Tenemos flan y arroz con leche.
¿Es dulce el arroz con leche?
No, no es muy dulce.
Entonces dos flanes.
¿Quiere café con el postre?
Sí, un café sólo, por favor.

Dialog 3

La cuenta por favor.
Ahora mismo.
Oiga, la cuenta por favor.
En seguida.
Oiga, por favor, ¡¡la cuenta!!
Voy ... Son diez mil pesetas.
¿Tanto? Ehh, ¡no tengo dinero!

Z Prüfstand

1. Vorsicht Grammatik. Welcher Satz ist falsch?

1. **a** Aquí tiene el listo de precios.
b Aquí tiene la lista de precios.

2. **a** El resto está para usted.
b El resto es para usted.

3. **a** Muchísimas gracias.
b Muchísimos graciosas.

4. **a** Entonces uno toast con mermelado.
b Entonces una tostada con mermelada.

5. **a** ¿Quiere desayunar?
b ¿Quiera desayuno?

2. Haben Sie aufgepaßt?

1. «Tapas» gibt es
a zu Bier und Wein.
b frühmorgens nach durchzechter Nacht.
c nur zu Fisch in Madrid.

2. Die Nationalspeise «Paella» ist in Wirklichkeit
a so etwas wie ein obligatorisches Sonntagsritual.
b ein nordländisches Frühstück.
c ein Beschwerdebuch.

3. Katalanisch bezahlen – «pagar a la catalana» – bedeutet
a nicht in bar, sondern mit Würstchen zahlen.
b jeder zahlt für sich.
c viele Tapas spachteln und sich verdrücken, wenn's ans Zahlen geht.

4. «Chocolate con churros» sind
a Kakaoplantagen in den Pyrenäen.
b Schmalzkringel mit dickem Kakao.
c eine Tafel Schokolade am Morgen.

5. Fisch aus dem Meer gibt es an den Küsten Spaniens
a wie Sand am Meer.
b wie Stecknadeln im Heuhaufen.
c immer weniger.

6. «Cervecerías» sind
a Orte der Meditation.
b Orte des Bierausschankes.
c Orte der Zungenbrecher.

3. Rätsel

1. Gegrilltes Brot vom Frühstückstisch.
2. Dagegen kann der Kellner nicht betuppen.
3. Sagt der Spanier, obwohl er nach deutschem Empfinden das Gegenteil meint.
4. Differenz zwischen Realpreis und Echtzahlung.
5. Hilferingende Aufforderung, auch mal dienstleistend beachtet zu werden.
6. Mit ihrer Begleichung endet der Vertrag zwischen Gast und Wirt.
7. Der Koch kocht's nicht jeden Tag, es ist etwas Besonderes und doch billiger.
8. Macht den Morgentoast so richtig urig.

4. Wie sagen Sie's auf spanisch?

1. ein Tee mit Butter **2.** ein Teller Bier **3.** Reis mit Öl und Knoblauch **4.** eine Milch-Tapa **5.** ein Toast mit Saft **6.** das Frühstück mit Fisch **7.** ein Glas Sardinen **8.** Wir haben die Rechnung.

5. Was stimmt, a, b oder c?

1. Aquí … la lista de precios.
a para
b tiene
c bueno

2. Entonces … de pollo con arroz.
a tenemos
b tres
c hay

3. Hoy … sopa de pescado.
a momento
b patatas
c tenemos

4. Una … de queso, por favor.
a tapa
b seguida
c queso

5. ¿Quiere ...?
a cuánto
b desayunar
c oiga

6. Una tostada con … y ajo.
a aceite
b adiós
c alguna.

Comprar y vender

Kaufen und Verkaufen

Die heile Welt der Touristenzentren trügt, die malerischen Zigeunerbettler sind mehr als dekoratives Lokalkolorit. Allenfalls sind sie Fremdkörper aus sozial zerrütteten Schlafstätten, in denen ein Klima herrscht, daß selbst die Polizei sich kaum hintraut. *Polígonos* heißen diese heruntergekommenen Betonödnisse – dritte Welt in Europa.

Was die Bewohner dieser *polígonos* mit den mittelständischen Familien gemein haben, ist der Wille, teilzuhaben an der großen Konsumorgie, die Spanien seit seinem *milagro económico* – dem Wirtschaftswunder der frühen achtziger Jahre – heimsucht. Der spanische Mittelstand hat es geschafft: Kaum einer fährt noch ein altes Auto, die Zweitwohnung an der *playa* ist üblich, organisierte Gruppenreisen gehören selbstverständlich zum Urlaub dazu. Und all der elektronische Schnickschnack, der das Leben angeblich so lebenswert macht, wird hemmungslos gekauft.

Madrid erfährt als Wirtschaftszentrum eine nie gekannte Nachfrage. Die Mieten für Büroräume gehören inzwischen zu den teuersten auf der Welt. Dennoch steht die Wirtschaft Spaniens dauernd vor dem totalen

Kollaps. Das behaupten jedenfalls pessimistische Experten, die nicht weiter mit ansehen wollen, wie über Jahrzehnte auf Pump geklotzt wird. Der Boom vom Anfang der neunziger Jahre, Spaniens große Show vor der Weltöffentlichkeit mit der Olympiade in Barcelona und der Expo 92 in Sevilla, war schneller vorüber als befürchtet. Die Armee der Arbeitslosen rüstet sich auf. Auf dem Beschäftigungsmarkt sind die Beschäftigungslosen die größte Gruppe. In Andalusien greifen sie fast nach der absoluten Mehrheit, fast 40 Prozent Arbeitslosigkeit in den Zentren ist die Regel. Spanien ist weit davon entfernt, ein Sozialstaat zu sein. Die Menschen, die durch das weitmaschig geknüpfte Netz der staatlich geregelten Absicherung fallen, müssen ihre eigenen Methoden dagegen finden, daß sie von der Arbeit ausgeschlossen sind. *Apañarse*, sich durchwurschteln und klarkommen – das ist der Begriff, der für die Überlebensstrategien der Bettler, Schnorrer, Kleingauner und Schwarzarbeiter steht.

Das Einkaufen von Lebensmitteln ist mehr als ein Akt der Versorgung. Der Kontakt in den Läden ermöglicht den Frauen eine soziale Interaktion außerhalb ihrer Familien. Wer es eilig hat, sollte lieber anderes erledigen. Vor der Theke im Geschäft kann schon mal eine halbe

Stunde vergehen, bis man endlich bedient wird. Die Zeit bleibt stehen, wenn die *maris* – so heißen die Hausfrauen im Volksmund – anfangen, irgendeine aktuelle Fernsehserie zu kommentieren. Immer erst dann, wenn der Verkäufer nachhakt: *«¿Algo más?»* – sonst noch was? –, fangen sie an, laut darüber nachzudenken, ob sie noch ein Päckchen Nudeln brauchen könnten oder ob's noch bis zum nächsten Dienstag reicht.

Selbst den unpersönlichen Supermärkten ist es keineswegs gelungen, Schluß zu machen mit dieser Sitte hausfraulichen Austausches. Vor den Käse-, Fleisch- oder Gemüsetheken wird gerade so gequasselt und geschnattert wie in den Dorfläden auch.

In den großen Warenhäusern und in den *hipermercados* am Stadtrand herrscht gleichwohl die globale Anonymität solcher Orte. Solange Spaniens Läden nicht restlos von den großen Supermarktketten aufgefressen sind, sollten wir uns noch freuen an den unaufgeräumten, manchmal schmuddeligen Familien-Kleinstbetrieben, die außer ihrem kommunikativen Klima noch andere Vorteile haben: Wenn man Sonntag abends dringend eine Dose Thunfisch oder einen Rotwein braucht, so kann man die Besitzer ruhig auch einmal rausklingeln.

Ausreden

mañana vuelvo	morgen komm ich wieder
ahora mismo no	jetzt nicht
no llevo bastante dinero	ich habe nicht genug Geld dabei
no compro	ich kaufe nicht
no lo compro	ich kaufe das nicht

offen und zu

abierto	offen
cerrado	zu
día festivo	Feiertag
día laboral	Arbeitstag
¿cuándo abre?	wann öffnen Sie?
¿cuándo cierra?	wann schließen Sie?
¿mañana tiene abierto?	haben Sie morgen geöffnet?
¿el domingo tiene abierto?	haben Sie am Sonntag geöffnet?

¿qué le pongo? *was darf's sein?*

la fruta *das Obst*

todo *alles*

el kilo *das Kilo*

holandés *holländisch*

por Dios *um Gottes willen*

las Canarias *die Kanarischen Inseln*

a ver *mal sehen*

la panadería *die Bäckerei*

la barra *der Laib*

el pan integral *das Vollkornbrot*

por supuesto *selbstverständlich*

el chorizo *die Paprikawurst*

¿puede ser? *kann (es) sein?*

un poquito *ein bißchen*

claro *klar*

¿ya está? *fertig?*

el gramo *das Gramm*

el jamón serrano *der Bergschinken*

debo *ich schulde*

Nach dem Preis fragen

¿cuánto es? wieviel kostet's?
¿cuánto vale? wieviel kostet's?
¿cuánto debo? wieviel schulde ich?

Nach dem Tagespreis fragen

¿a cuánto está? wieviel kostet's?

Dies gilt für veränderliche Preise, meist auf dem Markt, z.B. Fisch, Gemüse, Obst. Nicht so für Brot, dessen Verkaufspreis staatlich festgelegt wird.

¿qué le pongo?

«was darf's sein?», «was geb ich Ihnen?» heißt eigentlich: «was setze, stelle, lege ich Ihnen?»

la barra

Der Laib, steht für **barra de pan**, das längliche baguetteartige und – wenn der Bäcker gut ist – knusprige Weißbrot.

Auf dem Markt

¿Qué le pongo?	Was darf's sein?
¿Fruta tiene?	*Haben Sie Obst?*
Hay de todo.	Es gibt von allem.
Entonces dos kilos de naranjas.	*Also zwei Kilo Orangen.*
Dos kilos ... ¿Algo más?	Zwei Kilo ... Sonst noch was?
¿Tomates tiene?	*Haben Sie Tomaten?*
Tengo unos tomates muy buenos.	Ich habe sehr gute Tomaten.
¿Son holandeses?	*Sie sind holländisch?*
No, por Dios, son de Canarias.	Nein, um Gottes willen, sie sind von den Kanaren.
Entonces kilo y medio.	*Also eineinhalb Kilo.*
Muy bien. Aquí tiene todo.	Sehr gut. Hier haben Sie alles.
¿Cuánto es?	*Was macht das?*
A ver, ciento ochenta y ciento cincuenta - trescientas treinta.	Mal sehen, 180 und 150 - 330.

Hola, buenas tardes.	Hallo, guten Tag.
¿Qué le pongo?	*Was darf's sein?*
¿Pan tiene?	Haben Sie Brot?
Hombre, esto es una panadería.	*Mann, das ist eine Bäckerei.*
Bueno, dos barras.	Gut, zwei Laiber.
Muy bien. ¿Algo más?	*Sehr gut, sonst noch was?*
¿Pan integral tiene?	Haben Sie Vollkornbrot?
Por supuesto.	*Selbstverständlich.*
Una barra de pan integral.	Ein Laib Vollkornbrot.
Son ciento noventa pesetas.	*Das macht 190 Peseten.*

¿Qué le pongo?	Was darf's sein?
Cien gramos de chorizo.	*Hundert Gramm Chorizo-Wurst.*
¿Puede ser un poquito más?	Kann's ein bißchen mehr sein?
Sí, claro	*Ja, klar...*
¿Ya está?	Fertig?
... y ciento cincuenta gramos de jamón.	*... und 150 Gramm Schinken.*
¿Jamón serrano?	Bergschinken?
Sí, ¿a cuánto está?	*Ja, was kostet der?*
El kilo a ocho mil.	Das Kilo 8000.
¿Tanto?	*Soviel?*
¡Es un pata negra!	Es ist ein pata negra!
Eh, no ...no ... muchas gracias.	*Eh, nee, nee ...vielen Dank.*
¡Como usted quiere!	Wie Sie wünschen.
¿Cuánto debo?	*Wieviel schulde ich?*

Üben

10

1. Die richtige Antwort?

1. ¿Qué le pongo?	**a** Buenas tardes. **b** Cuatro tomates, por favor.
2. ¿Pan tiene?	**a** Tenemos pan integral. **b** Son de Canarias.
3. ¿Cuánto es?	**a** Son trescientas. **b** Son las tres.
4. ¿Algo más?	**a** Nada más. **b** Más o menos.
5. ¿Los tomates son españoles?	**a** Por supuesto. **b** Esto es una panadería.
6. ¿Fruta tiene?	**a** Por Dios. **b** Por supuesto.

2. Haben Sie das?

*«¿Tiene **fruta**?»*

1. Obst **2.** Tomaten **3.** Vollkornbrot **4.** Kartoffeln **5.** Reis **6.** Wein **7.** Paprikawurst **8.** Milchkaffee **9.** Bergschinken.

3. Der Verkäufer hat das nicht und sagt

*«No tengo **patatas**.»*

1. Kartoffeln **2.** Kaffee **3.** Spaghetti **4.** Butter **5.** Pommes frites **6.** Fisch **7.** Bier **8.** Apfelsinensaft **9.** Tomaten.

4. Was gehört zusammen?

1. entonces kilo y medio	**a** kann's ein bißchen mehr sein
2. por Dios, por supuesto	**b** wieviel schulde ich
3. esto es una panadería	**c** wie Sie wünschen
4. no hay pan integral	**d** sehr gut, hier haben Sie alles
5. muy bien, aquí tiene todo	**e** dies ist eine Bäckerei
6. cómo usted quiere	**f** es gibt kein Vollkornbrot
7. puede ser un poquito más	**g** also, eineinhalb Kilo
8. cuánto debo	**h** um Gottes willen, natürlich

Ketten und Kaufhäuser

Der Trend geht zum Großmarkt, die kleinen Läden müssen teuer ein- und verkaufen, und irgendwann schließen sie alle, weil keiner mehr hingeht. Spaniens Fernsehpublikum wird derweil bombardiert mit den appetitlichen, sauberen, modischen Angeboten der großen Warenhäuser. Die haben sich längst auch zum Lieblingsfreizeitort der Pubertierenden gemausert – die zukünftige Kundschaft will früh geködert sein. In jeder Beziehung führend unter den Warenhäusern ist *El Corte Inglés*, ein Unternehmen mit einer rasanten Erfolgsgeschichte.

In den dreißiger Jahren übernahm der Asturianer Ramón Araces die gleichnamige Madrider Schneiderei (der englische Schnitt). Mit amerikanischen Management-Methoden – Knebelung der Lieferanten, Ausschaltung jeglicher Konkurrenten – hat er sich zum Branchengiganten hochgepowert. Immerhin übertrifft der Umsatz den des Branchenzweiten *Hipermercado Continente* um das Vierfache. Die Belegschaft von *El Corte Inglés* wird auf das Unternehmen eingeschworen, weniger als 15 Prozent gehören zu einer der zwei starken nationalen Gewerkschaften. Wer sich überhaupt organisiert, tut das in einer hauseigenen Gewerkschaft. Heute gehören zum Imperium von *El Corte Inglés* Banken, Supermarktketten, Möbel- und Textilfabriken sowie Reise- und Versicherungsunternehmen. Kennzeichnend für Kundschaft und Angestellte ist, daß beide sich vornehm dünken. Wühltischambiente ist in den stets fensterlosen Konsumtempeln verpönt.

Andere verbreitete Kaufhäuser sind *Galerías Preciados* und *Simago*. An den Ausfallstraßen findet man die hipermercados *Continente* und *Mammouth*. Fast rund um die Uhr geöffnet, damit arbeitssüchtige Yuppies auch nachts shoppen gehen können, hat die aufstrebende Kette *VIPS*, in deren zentral gelegenen Läden Bücher, Platten, Videos und allerlei Krimskrams angeboten werden.

¿Puede ser un poquito más? – Kann es ein bißchen mehr sein?
puede heißt auch: er kann, sie kann, Sie können.

poder – können

puedo	ich kann	**podemos**	wir können
puedes	du kannst	**podéis**	ihr könnt
puede	er/sie kann Sie können	**pueden**	sie können Sie können

la señorita *das Fräulein*

dígame *sagen Sie mir*

el pantalón *die Hose*

la sección *die Abteilung*

el caballero *der Herr*

la chaqueta *das Jackett*

sé *ich weiß*

esto *dies*

El Corte Inglés
größtes spanisches Warenhaus

preguntar *fragen*

el colega *der Kollege*

la colega *die Kollegin*

el disco *die Schallplatte*

el piso *das Stockwerk*

necesito *ich brauche*

la blusa *die Bluse*

la señora *die Frau, Dame*

el regalo *das Geschenk*

el sótano *das Untergeschoß*

al fondo *hinten*
los servicios *die Toilette*

allí *dort*

estar	**sich befinden**
estoy	estamos
estás	estáis
está	están

Die komplette regelmäßige Konjugation

buscar		**suchen**	
busco	ich suche	**buscamos**	wir suchen
buscas	du suchst	**buscáis**	ihr sucht
busca	er/sie sucht Sie suchen	**buscan**	sie suchen Sie suchen

genauso fast alle Verben mit der Endung **-ar**:

comprar	kaufen
desayunar	frühstücken
firmar	unterschreiben
llamar	an-, rufen
llegar	ankommen
parar	anhalten
tomar	nehmen, trinken
trabajar	arbeiten

Im Kaufhaus

¿Señorita?	Fräulein?
Dígame ...	*Ja, bitte ...*
¿Tiene pantalones?	Haben Sie Hosen?
Aquí no.	*Hier nicht.*
Entonces, ¿dónde?	Also, wo?
En la sección de caballeros.	*In der Herrenabteilung.*

¿Señorita?	Fräulein?
Dígame ...	*Ja, bitte ... (Sagen Sie mir!)*
¿Tiene chaquetas?	Haben Sie Jacketts?
Bueno, no sé ...	*Gut, ich weiß nicht ...*
Hombre, ¡esto es el Corte Inglés!	Mann, dies ist der Corte Inglés.
Voy a preguntar a una colega.	*Ich werd' eine Kollegin fragen.*

Señorita, ¿los discos, por favor?	Fräulein, die Platten, bitte?
En el segundo piso.	*Im zweiten Stock.*
Muchas gracias.	Danke schön.
De nada.	*Keine Ursache.*

Señorita, por favor...	Fräulein, bitte.
¿Sí?	*Jaa?*
Necesito una blusa.	Ich brauche eine Bluse.
En el primer piso, en la sección de señoras.	*Im ersten Stock, in der Damenabteilung.*

Oiga.	Hören Sie.
Hola, buenos días.	*Hallo, guten Tag.*
Hola, ¿dónde están los regalos?	Tag, wo sind die Geschenke?
En el sótano, al fondo.	*Im Untergeschoß, hinten.*

¿Señorita?	Fräulein?
Dígame, por favor ...	*Sagen Sie, bitte ...*
Los servicios, ¿dónde están?	Die Toilette, wo ist die?
Allí a la derecha.	*Dort, rechts.*

1. Welche Antwort paßt?

1. ¿La sección de caballeros?
a En el segundo piso.
b En los servicios.

2. ¿Dónde están los servicios?
a En la panadería.
b En el primer piso.

3. ¿Necesita algo?
a ¿Tiene chaquetas?
b Algo más.

4. ¿Tiene discos?
a Tantos discos.
b No, lo siento.

5. ¿Los vinos?
a Esto es el Corte Inglés.
b En el sótano.

6. ¿Las blusas?
a En la sección de señoras.
b Por supuesto.

2. Fragen Sie, wo Sie das finden

*«¿Dónde están **los pantalones**?»*

1. die Hosen **2.** die Schallplatten **3.** die Jacketts **4**. die Blusen **5.** die Weine **6.** die Toilette **7.** die Bäckerei **8.** den Corte Inglés **9.** die Damenabteilung.

3. Streichen Sie die falsche Übersetzung

1. Muy amable.
a Sehr freundlich.
b Sehr spendabel.

2. Necesito un postre.
a Ich suche die Post.
b Ich brauche einen Nachtisch.

3. Bueno, no sé.
a Es ist nicht gut.
b Nun, ich weiß nicht.

4. Voy a preguntar.
a Ich werde fragen.
b Ich gehe surfen.

5. En el sótano.
a Im Untergeschoß.
b Unter der Soutane.

6. En el primer piso.
a Wer zuerst pinkelt.
b Im ersten Stock.

4. Wie heißt´s auf spanisch?

1. Im zweiten Stock links.**2.** Im Untergeschoß rechts.**3.** Wir haben keine Toilette.**4.** Wo ist die Herrenabteilung.**5.** Ich brauche ein Jackett. **6.** Die Geschenke, bitte? **7.** Ich werde eine Kollegin fragen.

Handeln und Feilschen

Regatear steht für handeln. Die Nähe zu Nordafrika sollte aber nicht dazu verleiten, um jede Stange Brot zu feilschen. Die Preise sind fest, allenfalls auf den Wochenmärkten wird man sie ein bißchen drücken können. Aber keinesfalls auf ein Drittel, sondern höchstens um 10 bis 20 Prozent. Außerhalb der Saison kann man auch schon mal im Hotel den Preis ein wenig nach unten korrigieren.

Geld bekommt man am einfachsten aus dem *cajero automático*, dem Bank-Automaten. Cash auf Kreditkarten kostet eine erhebliche Gebühr. Billiger kommen da die EC-Karten. Vorteil: Der Automat spart Schlangestehen und Papierkrieg am Bankschalter. Aber Achtung: Dreimal falsch die Nummer eingetippt, und das Ungeheuer frißt die Plastikkarte. Laut Vorschrift sollen die Banken eingezogene Karten an die Heimatbank zurückschicken. Da kostet es unter Umständen Überzeugungskraft, damit man sein wertvolles Stück Plastik trotzdem wieder ausgehändigt bekommt.

Rastros heißen die Flohmärkte. *La ganga*, das Schnäppchen, haben auch hier alle im Sinn, die sich meist Sonntag morgens im Pulk über die *rastros* schieben. Bücher, Unterhosen, Funkgeräte, PC-Programme, Plastikblumen, Schubkarren – nichts, was nicht feilgeboten würde, und längst nicht alles ist alter Krusch. Auf jedem *rastro* sind ein paar Möbelhändler übriggeblieben, der größte Teil der Kundschaft ist ihnen weggelaufen – ein anderer Zeitgeist diktiert heute, wie die Wohnungen zu sein haben. Manch einer wartet mit einer Schüssel alter Schrauben, und unsereiner wundert sich, was das an Erlös bringen soll. Kleingauner sind auch da, Hütchenspieler, die zu viert oder fünft arbeiten, sich siezen und so tun, als kennten sie sich nicht. Einer steht Schmiere und pfeift Bescheid, wenn die Polizei sich nähert. Dann packen sie in Null Komma nix ein und verdrücken sich in alle Himmelsrichtungen.
Mit ein bißchen Glück bekommt man auch eine echte Zigeunerfamilie zu sehen: Papa spielt auf der Trompete traurige Lieder, Onkel trommelt dazu, der ältere Sohn domptiert eine Ziege oder ein Äffchen, der jüngere Sohn vollführt seine artistischen Kunststückchen, und Mama und Tochter sammeln derweil bei den Umstehenden. Andere *gitanos* gehen mehr mit der Zeit, arbeiten nur zu zweit: Einer spielt die E-Orgel mit eingebautem Rhythmus, der andere sammelt. Den Kuriositäten sind auf den *rastros* keine Grenzen gesetzt, bis hin zum alten Frisör mit seinem mobilen Salon: Hocker, Spiegel und ein Koffer mit den Utensilien.

puedo *ich kann*

el sello *die Briefmarke*

el estanco der *Tabakladen*

por aquí *irgendwo hier*

enfrente *gegenüber*

la tarjeta *die (Post-)Karte*

la carta *der Brief*

busca *Sie suchen*

tal vez *vielleicht*

el zapato *der Schuh*

me gustan *gefallen mir*

bonito *hübsch*

la talla *die Kleider- und Schuhgröße*

no me quedan *habe ich nicht mehr da (sind nicht mehr übrig)*

Unregelmäßige Verben

tener	**haben**
tengo	tenemos
tienes	tenéis
tiene	tienen

ser	**sein**
soy	somos
eres	sois
es	son

Vorsicht, Endung

El zapat**o**	**me** gusta,	**es** bonit**o**.
La blus**a**	**me** gusta,	**es** bonit**a**.
Los zapat**os**	**me** gusta**n**,	**son** bonit**os**.
Las blus**as**	**me** gusta**n**,	**son** bonit**as**.

Zweimal «gustar»

Me gusta la blusa.	Die Bluse **gefällt** mir.
Me gusta el vino.	Der Wein **schmeckt** mir.

«gustar» ist multifunktional und heißt **1.** gefallen **2.** schmecken. Praktisch, oder?

Besorgungen

Señor, por favor...	Mein Herr, bitte ...
Dígame.	*Jaaa?*
¿Dónde puedo comprar sellos?	Wo kann ich Briefmarken kaufen?
¿Sellos? En el estanco.	*Briefmarken? Im Tabakladen.*
¿Hay un estanco por aquí?	Gibt's hier irgendwo einen Tabakladen?
Hombre, allí enfrente.	*Mann, da gegenüber!*

Necesito unos sellos.	Ich brauche Briefmarken.
¿Para tarjetas o para cartas?	*Für Karten oder für Briefe?*
Tarjetas para Alemania.	Karten nach Deutschland.
¿Cuántos quiere?	*Wieviel wollen Sie?*
Cinco, por favor.	Fünf, bitte.
Son 250 pesetas.	*Das macht 250 Peseten.*

Hola, buenas tardes.	Hallo, guten Tag.
Hola, ¿qué busca?	*Hallo, was suchen Sie?*
Unos zapatos negros.	Schwarze Schuhe.
Un momento ... ¿estos?	*Einen Moment ... diese?*
No, no, por favor, no me gustan.	Nee, nee, bitte, die gefallen mir nicht.
Un momento ... ¿tal vez estos?	*Einen Moment ... vielleicht diese?*
Sí, son bonitos.	Ja, die sind schön.
¿Qué talla tiene?	*Welche Größe haben Sie?*
Cuarenta y dos.	Zweiundvierzig.
Oh, no me quedan en cuarenta y dos.	*Oh, die habe ich nicht mehr in 42.*

¡hombre!

bedeutet **1.** der Mann **2.** der Mensch **3.** Mann! oder Mensch! **1.** und **2.** zeigen, wie die Männerherrschaft sich auch in der Sprache niederschlägt. **3.** kann ein Erstaunen oder ein Vorwurf sein. Der Ton macht eben die Musik.

Üben

12

1. Fragen Sie, wo Sie das können

«*¿Dónde puedo* ***comprar sellos****?*»

1. comprar sellos **2.** tomar una cerveza **3.** llamar por teléfono **4.** trabajar **5.** buscar zapatos **6.** desayunar

2. ¿Qué busca? – Was suchen Sie?

«*busco* ***el teléfono***»

1. teléfono **2.** sección de señoras **3.** estanco **4.** lista de precios **5.** andén número tres **6.** aceite **7.** mantequilla **8.** espaguetis **9.** pasaporte

3. Welche ist die sinnvolle, logische, korrekte und einzig denkbare Antwort?

1. ¿Dónde puedo desayunar?	**a** En el bar a la derecha. **b** No tenemos pescado.
2. ¿Hay un teléfono por aquí?	**a** Tenemos sellos. **b** Allí en frente.
3. ¿Tiene zapatos?	**a** Hay de todo. **b** No tengo patatas.
4. ¿Qué busca?	**a** Una blusa negra. **b** Mañana por la mañana.
5. ¿Qué talla tiene?	**a** La cuarenta y uno. **b** Las cuatro y media.
6. ¿Dónde puedo comprar sellos?	**a** En la panadería. **b** En el estanco.

4. Halten Sie die rechte Spalte zu, schreiben Sie links die Übersetzung und suchen Sie dann die korrekte Lösung.

1. der Brief .... **a** el estanco

2. die Schuhe .... **b** la talla

3. die Größe .... **c** enfrente

4. gegenüber .... **d** los zapatos

5. der Tabakladen .... **e** la carta

6. die Briefmarken .... **f** bonito

7. hübsch .... **g** los sellos

Ⓩ Alle Wörter

Im Laden

Bäckerei
la panadería

Bergschinken
el jamón serrano

Gramm
el gramo

Kilo
el kilo

Laib
la barra

sind nicht mehr übrig
no me quedan

Obst
la fruta

Paprikawurst
el chorizo

Vollkornbrot
el pan integral

Im Kaufhaus

Abteilung
la sección

Bluse
la blusa

Frau
la señora

Fräulein
la señorita

Geschenk
el regalo

Größe
la talla

größtes sp. Kaufhaus
el Corte Inglés

Herr
el caballero

Hose
el pantalón

Jackett
la chaqueta

Kollege/-in
el / la colega

Schallplatte
el disco

Schuhe
los zapatos

Stockwerk
el piso

Toiletten
los servicios

Untergeschoß
el sótano

Im Tabakladen

Tabakladen
el estanco

Brief
la carta

(Post-)Karte
la tarjeta

Briefmarken
los sellos

Verben

ich suche
busco

mal sehen
a ver

ich schulde
debo

sagen Sie mir
dígame

gefallen mir
me gustan

ich brauche
necesito

fragen
preguntar

kann (es) sein?
¿puede ser?

ich kann
puedo

was darf's sein?
¿qué le pongo?

ich weiß
sé

Der Rest

hübsch
bonito

klar
claro

ein bißchen
poquito

um Gottes willen
por Dios

selbstverständlich
por supuesto

vielleicht
tal vez

dies
esto

Geographie

dort
allí

gegenüber
enfrente

hinten
al fondo

holländisch
holandés

irgendwo hier
por aquí

Kanarische Inseln
las Canarias

Z

Wochentage

lunes	Montag
martes	Dienstag
miércoles	Mittwoch
jueves	Donnerstag
viernes	Freitag
sábado	Samstag
domingo	Sonntag

Monate

enero	Januar	**julio**	Juli
febrero	Februar	**agosto**	August
marzo	März	**setiembre**	September
abril	April	**octubre**	Oktober
mayo	Mai	**noviembre**	November
junio	Juni	**diciembre**	Dezember

Geschäfte

la tienda	Laden
la panadería	Bäcker
la carnicería	Metzger
el herbolario	Kräuter und Ökowaren
la pescadería	Fischgeschäft
la perfumería	Parfüms und Drogerie
la papelería	Schreib- und Papierwaren
la librería	Buchhandlung
el estanco	staatl. Tabak- und Briefmarkenladen
la agencia de viajes	Reisebüro
el mercado	Markt (Nahrungsmittelmarkt, Kleidung, Haushalt etc.)
el supermercado	Supermarkt
el hipermercado	Großmarkt

queso manchego

mittelharter Schafskäse aus der *Mancha* südlich von Madrid. Der berühmteste *manchego* ist allerdings kein Käse, es ist der traurige Ritter *El ingenioso hidalgo Don Quijote de la Mancha,* der scharfsinnige edle Herr Don Quijote.

Ⓩ Hier fehlt's

Lesen Sie sich den Dialog durch, und tragen Sie die fehlenden Wörter ein. Wenn Sie nicht mehr weiterwissen, dann dürfen Sie auf die nächste Seite schielen:

En el almacén «El Corte Inglés»

Buenas tardes, señorita.
Buenas tardes, ¿qué ....?
¿Tiene zapatos?
Claro ...... sí.
A ver.
Aquí tengo unos zapatos muy modernos.
¡Oh nooo, ... favor!
Estos aquí son ...... elegantes.
No, lo siento, pero .... gustan.
Tenemos también zapatos ingleses.
¿............ valen?
Depende, de seis ...... a sesenta mil pesetas.
¿Tanto?
Hombre, ¡son de Londres!
A ver.
¿Qué .... tiene usted?
No sé, cuarenta y dos.
Un momento, lo siento.
¡Esto es el Hipermercado Continente!
Sí, pero no .... quedan.
Oh nooo.
Tal ...... en una tienda del centro.
¿En el centro?
Sí, en la plaza hay muchas zapaterías.
Bueno, ... gracias.

Hier steht's

Hören Sie sich den Dialog von der Cassette an, oder lesen Sie ihn sich durch. Vergleichen Sie dann die Lösungen, die Sie gefunden haben, und plappern Sie einfach nach:

Im Kaufhaus

Hola, buenas tardes.
Hola, ¿qué busca?
¿Chaquetas tiene?
Claro que sí.
A ver.
Aquí tengo una chaqueta muy elegante.
¡Oh nooo, por favor!
Esta aquí es muy bonita.
Bueno, no me gusta mucho.
Tenemos también chaquetas italianas.
¿Cuánto vale una?
Depende, de diez a cien mil pesetas.
¿Tanto?
Hombre, ¡son de Florencia!
A ver.
¿Qué talla tiene usted?
No sé, cuarenta y cuatro.
Un momento, lo siento.
Esto es el Corte Inglés.
Sí, pero no me quedan.
Oh nooo.
Tal vez en el segundo piso.
¿En el segundo piso?
Sí, en la sección de caballeros.
Bueno, muchas gracias.

(Z) Prüfstand

1. Zwei sind falsch, bleibt ein richtiger

1. ¿Dónde ... comprar sellos?
a puedo
b pueda
c ruedo

2. ¿... integral tiene?
a Para
b Pollo
c Pan

3. En el segundo ... a la derecha.
a piso
b pito
c peso

4. ¿Dónde ... los regalos?
a esto
b están
c está

5. Voy ...preguntar a una colega.
a para
b a
c de

6. En ... estanco.
a los
b del
c el

2. Welches Wort paßt nicht in die Kette?

1. chorizo – jamón – queso – vino
2. estanco – sello – tarjeta – bonito
3. zapatos – pantalones – blusas – chaquetas
4. pollo – llave – carne – pescado
5. habitación – hotel – tapa – cama
6. andén – tren – estación – andando

3. Wissen Sie´s auf spanisch, dreimal dürfen Sie raten

1. Manchmal drückt er, angeboten wird er im Zweier-Pack, ohne ihn ging das Gehen nicht recht.
2. Die Rückseite davon zieht man über die eigene Zunge.
3. Ort des Rückzuges, meist gekachelt.
4. Das Niveau des Erdbodens ist hoch dagegen.
5. Hilfreiche Nummer bei der Bemessung unserer Körperausdehnung. Hilft dem Verkäufer beim richtigen Griff.

4. Haben Sie aufgepaßt?

1. *El Corte Inglés* ist
- **a** englischer Rum (verschnitten).
- **b** das englische Königspaar.
- **c** das größte spanische Warenhaus.

2. Die Spanier
- **a** sparen wie die Weltmeister.
- **b** geben kein Geld für Autos und Elektronik aus.
- **c** konsumieren auf Teufel komm raus.

3. In den kleinen Läden
- **a** quatschen die Hausfrauen bis zum Umfallen.
- **b** geht es anonymer zu als im Großmarkt.
- **c** kommt man immer gleich dran.

4. Das Heer der Arbeitslosen
- **a** vergrößert sich.
- **b** verkleinert sich merklich.
- **c** mobilisiert sich gegen die Regierung.

5. Immer weniger Spanier kaufen
- **a** in den Großmärkten.
- **b** in den kleinen Läden.
- **c** ein.

6. Auf einem *rastro* findet man vielleicht
- **a** trompetende Äffchen.
- **b** hütchenspielende Polizisten.
- **c** mobile Frisöre.

5. Was sagt der Verkäufer, wenn er

1. fragt, ob der Kunde noch etwas anderes möchte?
2. fragt, ob der Kunde nichts sonst mehr möchte?
3. fragt, was es sein soll?
4. sagt, daß es von allem gibt?
5. nach der Größe fragt?
6. fragt, was der Kunde sucht?

Hablar y escuchar

Sprechen und Zuhören

Wenn ältere Herren in einem Kaffeehaus zusammensitzen, einige von ihnen engagiert diskutieren und die anderen unbeteiligt dabeisitzen, so haben sie alle sich zu einer *tertulia* getroffen. Das ist eine Art Gesprächskreis sozial Gleichstehender. Man einigt sich vorher über das zu behandelnde Thema, einer hält vielleicht einen kurzen, einführenden Vortrag, und anschließend wird diskutiert. Die Männer gehören allesamt besseren Ständen an, haben alles für sie Mögliche im Leben erreicht und kommen zusammen, um an der Börse ihrer Weisheiten zu spekulieren.

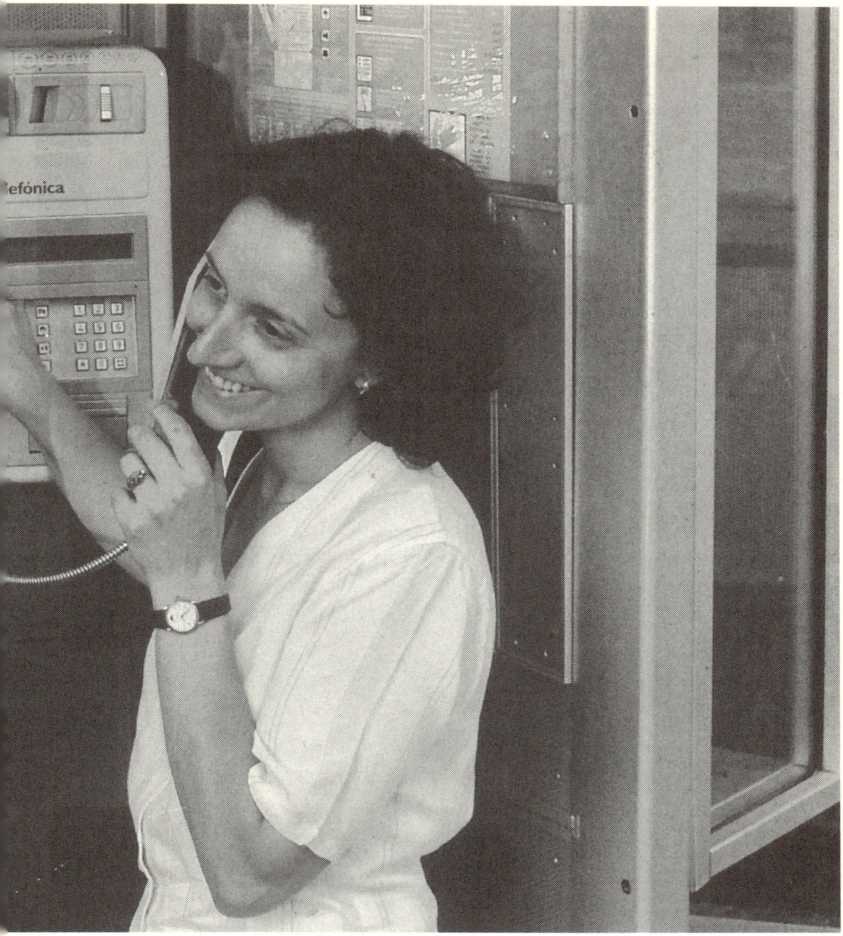

Frauen sind selten dabei, allenfalls zu offiziellen Anlässen lassen sie sich sehen. Die *tertulia* steht für Gesprächskultur, für weltanschauliches Engagement und für den gediegenen Austausch von Überzeugungen. Dem Fremden ist in der Regel der Zugang zu diesen Zirkeln verwehrt – man bleibt unter sich. Das private Leben der spanischen Männer ist auf die Intimität in ihren Familien beschränkt, daneben führen sie ein offizielles Dasein in den *bares, clubs, peñas* – Vereinen – oder eben bei entsprechendem Status in den *tertulias.*

Small talk

Die Spanier sind nicht auf den Mund gefallen. Im Wartezimmer, Zugabteil oder Restaurant kommen die Menschen leicht ins Gespräch. Krankheit, Reiseziel oder der Wein, den der Kellner gerade dekantiert – ein Anknüpfungspunkt für eine kurze Unterhaltung läßt sich immer finden. Und wenn die erste Scheu sich löst, dann kann es passieren, daß die Bäuerin beginnt, ihr gesamtes Leben detailliert auszubreiten, der Rentner die unübertroffenen Vorzüge seiner Verblichenen preist oder der Vertreter eine kostenlose Einführung in sein Warensortiment gibt. Auch wenn die extremen Quaßler schon mal lästig werden, so sind sie Ausdruck einer Welt, in der sich die große Anonymität noch nicht überall verbreitet hat. Der kurze, freundliche Small talk gehört für die Spanier zum Alltag.

Wenn zwei Bekannte sich auf der Straße treffen, dann bleibt es meist nicht bei einem unverbindlichen *«¿Cómo estás? – Muy bien: – Ah, muy bien – ¡entonces hasta luego!»* Nein, jetzt ist die *bar* dran, der *cafecito* im Stehen, der Sprit für die Kommunikation zwischendurch. Es wird fünf oder zehn Minuten geredet, dann geht jeder wieder seines Weges. Wenn die Spanier in Deutschland merken, daß es gar nicht so einfach ist, unverbindliche Worte zu wechseln, dann sprechen sie von Kälte, mobilisieren ihre Sehnsucht nach einem «wärmeren Klima zwischen den Menschen», das angeblich in Spanien herrscht. Angeblich, denn in den Zentren der Städte geht es geradeso distanziert zu wie nördlich der Alpen. Aber die Vorstädte Spaniens sind Horte nachbarschaftlicher Kultur. Selbst wenn die Betonsilos mehr Gefängnissen ähneln als Wohnhäusern, erinnert vieles an die Dörfer, aus denen die Neuangesiedelten alle stammen. Die Hausfrauen lassen im Sommer die Wohnungstüren auf, jeder schneit bei jedem rein auf ein Schwätzchen, die kleinen Läden sind die wahren Schaltstellen der Nachrichtenübermittlung, und auf der Straße spielt sich noch Leben ab: Da werden Probleme gewälzt, Patentlösungen gefunden, Liebesbeziehungen vorausgesagt und Erbschaften auseinandergesetzt. Aber auch hinter den Pyrenäen macht sich die Welt-Einheits-Medien-Gesellschaft breit. Irgendwann ist der Fernseher auch dort der letzte, der noch quasselt.

extranjero
der Ausländer, ausländisch

inglés *Engländer, englisch*

curioso *neugierig*

francés *Franzose, französisch*

italiano *Italiener, italienisch*

el ama de casa *die Hausfrau*

el niño *das Kind*

la chica *das Mädchen*

el año *das Jahr*

el marido *der Ehemann*

viene *er kommt*

la empresa *das Unternehmen*

grande *groß*

el ingeniero *der Ingenieur*

el mecánico *der Mechaniker*

hacer *machen*

hago *ich mache*

hace *er / sie macht, Sie machen*

la reparación *die Reparatur*

la máquina *die Maschine*

interesante *interessant*

Typisch Spanisch: zweimal sein

Soy extranjero.	Ich bin Ausländer.
Es curioso.	Sie sind neugierig.
Pepe no está aquí.	Pepe ist nicht hier.
No estoy muy bien.	Mir geht es nicht gut.

Das Verb «**ser**» steht für: alles, was unveränderlich ist, was zur Wesensart gehört, Charaktereigenschaften, erlernter Beruf, Nationalität ...
Das Verb «**estar**» steht für: alles, was veränderlich ist, Befindlichkeit, Eigenarten im Augenblick, und immer bei örtlichem Befinden.

Beliebter Fehler

Tengo treinta y tres años. *Ich bin dreiunddreißg Jahre alt.*

Ihr Alter geben die Spanier mit «Jahre haben» an. Wörtliche Übersetzungen würden unschön klingen. Auf deutsch klingts auch nicht doll, wenn der halbwüchsige Iberer an der Kinokasse sagt: «Is' chabe son achsehn Jahrr.»

Unterhaltung

¿Usted es español?	Sind Sie Spanier?
No, soy extranjero.	*Nein, ich bin Ausländer.*
¿Inglés?	Engländer?
¡Usted es curiosa!	*Sie sind neugierig!*
¿Francés?	Franzose?
¡Usted es muy curiosa!	*Sie sind sehr neugierig!*
¿Italiano?	Italiener?
Yo soy alemán como usted.	*Ich bin Deutscher wie Sie.*
Ya lo sabía.	Das hab ich mir doch gleich gedacht. (Schon ich wußte es.)

¿Y usted?	Und Sie?
Yo soy ama de casa.	*Ich bin Hausfrau.*
¿Tiene niños?	Haben Sie Kinder?
Sí, tenemos dos chicas.	*Ja, wir haben zwei Mädchen.*
¿Cuántos años tienen?	Wie alt sind sie?
Una tiene ocho años.	*Eine ist acht Jahre alt.*
¿Y la otra?	Und die andere?
La otra tiene cinco.	*Die andere ist fünf.*
¿Y su marido?	Und Ihr Mann?
Ahora mismo no está aquí.	*Im Moment ist er nicht da.*
¿No?	Nein?
Mañana viene.	*Morgen kommt er.*

¿En qué trabaja?	Was arbeiten Sie?
¿Yo? En una empresa grande.	*Ich? In einem großem Unternehmen.*
¿Es ingeniero?	Sind Sie Ingenieur?
No, soy mecánico.	*Nein, Mechaniker.*
¿Y qué hace allí?	Und was machen Sie da?
Hago de todo.	*Ich mache alles.*
¿Como qué?	Wie was?
Reparación de máquinas, coches …	*Reparatur von Maschinen, Autos …*
¿Es un trabajo interesante?	Ist das eine interessante Arbeit?
Sí, me gusta mucho.	*Ja, sie gefällt mir sehr.*

1. ¿Cuántos años tiene Emilio?

«Emilio tiene ***cuarenta y seis años.****»*

1. Emilio, 46 **2.** Emilia, 47 **3.** Juan, 13 **4.** Sebastián, 21 **5.** Vicente, 33 **6.** María-José, 79 **7.** José-María, 81 **8.** José, 16 **9.** Eduardo 99

2. ¿Es alemán?

«No, no soy alemán, soy ***español.****»*

1. español **2.** italiano **3.** americano **4.** inglés **5.** francés **6.** austríaco **7.** suizo **8.** andaluz **9.** catalán

3. ¿En qué trabaja?

«Soy ***mecánico,*** *trabajo* ***en una empresa.****»*

1. mecánico, empresa
2. empleado, banco
3. profesor, universidad
4. ama de casa, casa
5. empleado de RENFE, estación de trenes
6. ingeniero, oficina
7. estudiante, universidad

4. Welche Antwort paßt?

1. ¿Usted es extranjero?
a Sí, soy estudiante.
b No, soy español.

2. ¿Tiene niños?
a Sí, dos discos.
b Sí, dos chicas.

3. ¿Cuántos años tiene su marido?
a No tengo marido.
b Tengo 30 años.

4. ¿Dónde trabaja?
a En un hotel.
b En dos días.

5. ¿Qué hace en su empresa?
a No hago nada.
b No soy ama de casa.

6. ¿Su trabajo es interesante?
a Sí, el pescado es interesante.
b Sí, me gusta muchísimo.

5. Was steckt dahinter?

1. La señora Rodríguez no trabaja, está en casa, es .... **2.** Luis pregunta mucho, Luis pregunta todo, Luis es un chico .... **3.** Jean François es de París, su pasaporte es .... **4.** María tiene un niño, el padre del niño es el .... de María. **5.** Pepe es mecánico y trabaja en la SEAT. La SEAT es una .... grande. **6.** Mister Johnson es de Londres. Su pasaporte es ....

Salud

Salud heißt «Gesundheit» und auch «Proost!» Da wundere sich keiner, daß die Zahl der Säufer auf der Iberischen Halbinsel erheblich über dem europäischen Schnitt liegt. Wer auf einer Überlandfahrt im Morgengrauen zum Frühstücken anhält, der kennt sie, die einsamen Trinker an der Theke, die schon um halb sechs mit einem ordentlichen Glas *sol y sombra* – Sonne und Schatten –, einer Mischung aus klarem Anis und dunklem Kognak, auftanken. Man hüte sich davor, in solchem Verhalten eine Form von Alkoholismus zu vermuten. «Dies ist hier so üblich, *es la costumbre de la gente* – das ist eine Gewohnheit der Leute», wird man als Erklärung dafür bekommen, weiter reicht das Bewußtsein nicht.
Überhaupt ist es mit dem bewußten Essen und Trinken nicht weit her: zuviel Fett und Kohlehydrate, zuviel Fritiertes und Zucker. Da stellen sich mit den Jahren auch die Wehwehchen ein, und die Pharmaindustrie reibt sich die Hände. Kränkelnde Spanier versorgen sich mit Unmengen von Pillen, Ampullen und Zäpfchen, und mancher Apotheker schiebt ohne weiteres rezeptpflichtige Medikamente über die Theke – Penicillin und Cortison bekommt man in der *farmacia* auch ohne ärztliche Verschreibung.
Die Selbsttherapie aber hat ihre Grenzen, und wenn es wirklich ernst wird, dann muß der Doktor her. Dafür haben die Spanier inzwischen den *médico del seguro*, den Arzt der staatlichen Pflichtkasse. Aber die meisten mißtrauen ihm. Wer es bezahlen kann, der geht lieber zum Privatarzt. Das Mißtrauen kommt daher, daß im Gesundheitswesen immer gespart wurde und Versicherungsärzte unter unzumutbaren Bedingungen arbeiten mußten. Das hat sich zwar geändert, die Mediziner haben durchwegs eine gute Ausbildung und arbeiten ordentlich abgesichert, aber geblieben ist das alte Mißtrauen.
Viele Touristen haben Angst davor, sich in ein Krankenhaus einliefern zu lassen. Dazu besteht kein Anlaß: Die spanischen Kliniken haben europäisches Niveau. Wichtig zu wissen ist, daß unsere Krankenkassen den grünen Versicherungsschein E 111 ausgeben. Damit rechnen Arzt oder Krankenhaus direkt mit der deutschen Kasse ab. Und der Tourist braucht nicht monatelang die Gebühren für seine Behandlung vorzustrecken.

el doctor *der Doktor*

¿qué le pasa?
was ist los mit Ihnen?

me duele *tut mir weh*

la cabeza *der Kopf*

la aspirina *das Aspirin*

el estómago *der Magen*

he comido *ich habe gegessen*

también *auch*

normal *normal*

la comida *das Essen*

el brazo *der Arm*

roto *gebrochen*

caído *hingefallen*

no se preocupe
machen Sie sich keine Sorgen

la mano *die Hand*

Vergangenheit ganz einfach

he comido ich habe gegessen
¿qué **ha pasado**? was ist passiert?

Hilfsverb für die Vergangenheit ist immer **haber** – haben.

Verben auf -**ar** hängen ein -**ado** ans Ende:
pas**ar** – pas**ado** – passiert; lleg**ar** – lleg**ado** – angekommen

Verben auf -**er** und -**ir** hängen ein -**ido** ans Ende:
ten**er** – ten**ido** – gehabt; sal**ir** – sal**ido** – abgefahren

Hilfsverb haber – haben

he	ich habe	**hemos**	wir haben
has	du hast	**habéis**	ihr habt
ha	er / sie hat Sie haben	**han**	sie haben

Achtung Ausnahme:

abrir – **abierto** – geöffnet
hacer – **hecho** – gemacht
decir – **dicho** – gesagt
volver – **vuelto** – zurückgekommen

Ein Liste von Partizipien finden Sie auf Seite 119.

14

Reden

Beim Arzt

Hola, doctor.	Tag, Herr Doktor.
Hola, ¿qué hay?	*Tag, wie geht's?*
Pues ... no estoy muy bien.	Nun ... mir geht's nicht sehr gut.
¿Qué le pasa?	*Was ist mit Ihnen los?*
Me duele la cabeza.	Der Kopf tut mir weh.
¿Mucho?	*Sehr?*
Sí, toda la noche.	Ja, die ganze Nacht.
Bueno, necesita dos aspirinas por la mañana.	*Gut, Sie brauchen zwei Aspirin morgens.*

Me duele el estómago.	Mir tut der Bauch weh.
¿Qué ha comido?	*Was haben Sie gegessen?*
Bueno, un plato de paella,	Nun, einen Teller Paella.
¿Nada más?	*Nichts sonst?*
Una ensalada.	Einen Salat.
¿Nada más?	*Nichts sonst?*
He comido también…	Ich habe auch gegessen…
¿Qué?	*Was?*
… una sopa de pescado.	… eine Fischsuppe.
¿Nada más?	*Nichts sonst?*
Sí, medio pollo…	Ja, ein halbes Hähnchen…
¿Y?	*Und?*
… dos postres. ¡Nada más!	… zwei Nachtische. Nichts sonst!
Uy, uy, uy, ¿le duele el estómago?	*Au, au, au, der Bauch tut Ihnen weh?*
Sí, me duele muchísimo.	Ja, er tut mir sehr weh.
Hombre, ¡es normal con tanta comida!	*Mann, das ist normal bei so viel Essen!*

Doctor, tengo el brazo roto.	Herr Doktor, mein Arm ist gebrochen.
¿Qué ha pasado?	*Was ist passiert?*
No sé, me he caído.	Ich weiß nicht, ich bin gefallen.
A ver.	*Mal sehen.*
¡¡¡¡Ayyy, ayyy!!!	Auuuuuuu, auuuu!!!
No está roto. No se preocupe.	*Er ist nicht gebrochen. Machen Sie sich keine Sorgen.*
Me duele la mano.	Mir tut die Hand weh.
No es nada, hombre.	*Es ist nichts, Mann.*

1. Was gehört zusammen?

1. qué ha pasado
2. ha caído
3. no he comido
4. he tomado una cerveza
5. ha comido en casa

a ich habe ein Bier getrunken
b er hat zu Hause gegessen
c er ist gefallen
d was ist passiert
e ich habe nicht gegessen

2. Sagen Sie, was weh tut

«Me duele **el brazo**.»

1. Arm **2.** Kopf **3.** Hand **4.** Magen **5.** Chef **6.** Problem

3. Sagen Sie, was Sie gegessen haben

«He comido **una tostada con ajo y aceite**.»

1. Einen Toast mit Knoblauch und Öl.
2. Brot mit Butter.
3. Karamelpudding mit Obst.
4. Tomatensalat.
5. Hähnchen mit Reis.
6. Fisch mit Spaghetti.
7. Nichts.

4. Sagen Sie, was Sie getrunken haben

«He tomado **una cerveza**.»

1. cerveza **2.** café con leche **3.** agua mineral **4.** zumo de naranja **5.** Coca-Cola **6.** leche **7.** vino tinto

5. Welches Wort paßt nicht?

1. mano – brazo – cabeza – zapato
2. marido – mecánico – doctor – profesor
3. inglés – italiano – curioso – francés
4. zapato – avión – pantalón – chaqueta
5. zumo – sopa – mano – vino

me duele – mir tut weh

me duele la cabeza – der Kopf
... el brazo – der Arm
... la mano – die Hand
... el estómago – der Bauch
... el amor – die Liebe
... el trabajo – die Arbeit

todo el – toda la

todo el día	der ganze Tag	**toda la** noche	die ganze Nacht
todo el pan	das ganze Brot	**toda la** mañana	der ganze Morgen
todo el vino	der ganze Wein	**toda la** semana	die ganze Woche

Gestensprache

Ein Volk, das stark zum Pathos neigt, entwickelt eigene Gesten, um die Rede zu unterstreichen. Meist sind die Sprecher sich gar nicht bewußt darüber, welche Bewegungen sie vollführen. Oft sind es individuelle Gebärden, die einfach einen Hintergrund abgeben sollen für das, was der Sprecher sagt. Daneben gibt es auch jede Menge ganz eindeutiger Gesten mit klarer Aussage.

Die flache Hand (nach oben oder unten) vorgestreckt und leicht auf und nieder bewegt, bedeutet: *¡Ven!* – Komm her! Mit der flachen Hand mehrmals an die Wange klopfen bedeutet: *¡Qué cara tiene!* – Was für ein Frechdachs! Der ausgestreckte Zeigefinger unter dem Auge: *¡Ojo!* – Sei wachsam, sonst wirst du reingelegt!

Wer die Hand nach oben hält und die Fingerkuppen zusammenlegt, will sagen: *¡Así de bueno!* – Sooo schmackhaft! Gemeint kann neben dem Essen natürlich auch ein Mädchen sein. Die gleiche Bewegung, bei der aber die Fingerkuppen mehrmals auseinander- und wieder zusammengehen: *¡Así de gente!* – So viele Leute, proppevoll. Das kann sich auf alles beziehen: die Disko, die Autobahn oder die Schulfeier. Natürlich sind einige der Gesten durchaus vulgär.

Die Faust, von der Zeige- und der kleine Finger gestreckt sind, heißt: *cornudo* – gehörnter Bock. Längst bezieht es sich nicht mehr ausschließlich auf den betrogenen und blamierten Ehemann, sondern gilt für jeden, der querkommt. Das stärkste Zeichen dieser Art ist der *corte de mangas*: Der rechte Arm wird angewinkelt nach vorn gestreckt, die linke Hand haut in die Armbeuge, und die rechte Faust geht mit gestrecktem Mittelfinger hoch: *¡Toma!* – Das hast du's!, manchmal auch *¡Toma por culo!*

Kraftvolles Spanisch

Im Vergleich zum Deutschen nimmt sich das Alltagsspanisch oft sehr kraftvoll aus. Es ist gespickt mit bildhaften Floskeln. Das Umgangsspanisch kennt kaum Tabus, dauernd werden – meist ohne über die konkrete Bedeutung nachzudenken – Vulgarismen in die Rede eingeflochten. Egal ob Professor, Pfarrer oder Punk, selbst vor dem Mikrofon nehmen sie kein Blatt vor den Mund und verleihen ihren Standpunkten Nachdruck mit Wörtern, deren wörtliche Übersetzung für deutsche Ohren schockierend wäre. Blasphemisch, genital und anal muß es dabei zugehen. Wenn einer vor sich hin flucht, weil irgend etwas mal wieder nicht läuft, wie es laufen soll, dann klingt das vielleicht so: *¡¡Joder, me cago en la putísima madre que te parió!!* – F…, ich sch… auf die Hurenmutter, die dich in die Welt gesetzt hat!

el trabajo *die Arbeit*

¿por qué? *warum?*

porque *weil*

vivir *leben*

el problema *das Problem*

gustaría *es würde gefallen*

la agencia de viajes
das Reisebüro

la playa *der Strand*

vuelves *du kommst zurück*

solo *allein*

esperar *hoffen*

adónde *wohin*

el país *das Land*

el mundo *die Welt*

caro *teuer*

por eso *deswegen*

decir *sagen*

si *falls*

acompañar *begleiten*

por qué – porque

¿por qué?	warum?
porque	weil
por eso	deswegen, darum

Netter Vorschlag

¿Por qué no vamos a comer?
Warum gehen wir nicht essen?/
Wir könnten doch essen gehen.

Zukunft leicht gemacht

vas a estar	du wirst da sein
voy a acompañar	ich werde begleiten

Eine einfache Umschreibung für die Zukunft: ir + a + Infinitiv

ir

voy	ich gehe	**vamos**	wir gehen
vas	du gehst	**vais**	ihr geht
va	er geht Sie gehen	**van**	sie gehen

Gott und die Welt

María-José, ¿qué haces?	María-José, was machst du?
¿Qué trabajo?	*Was ich arbeite?*
Sí, en qué trabajas.	Ja, was arbeitest du?
Ahora mismo no tengo trabajo.	*Zur Zeit habe ich keine Arbeit.*
¿Porqué?	Warum?
Porque no tengo trabajo.	*Weil ich keine Arbeit habe.*
Entonces, ¿de qué vives?	Also, wovon lebst du?
Allí está el problema.	*Da liegt das Problem.*
¿Qué te gustaría hacer?	Was würdest du gerne tun?
Me gustaría trabajar en una agencia de viajes.	*Ich würde gerne in einem Reisebüro arbeiten.*

¿El año que viene vuelves?	Nächstes Jahr kommst du wieder?
Por supuesto. Me gusta la playa.	*Selbstverständlich. Ich mag den Strand.*
¿Vas a venir sola?	Wirst du allein kommen?
No. Vas a estar tú, ¡espero!	*Nein. Du wirst auch dasein, hoffe ich.*

Me gustaría hacer un viaje.	Ich würde gerne eine Reise machen.
¿Adónde?	*Wohin?*
A todos los países ...	In alle Länder ...
Uyy, uyy ...	*Oijoijoi!*
... un viaje del mundo.	... eine Weltreise.
Hombre, eso es muy caro.	*Mensch, das ist sehr teuer.*
Allí está el problema.	Da liegt das Problem.
Pues sí señor.	*Genauso ist es.*
Por eso digo: «me gustaría».	Deswegen sage ich: «Ich würde gerne.»
Sí vas, te voy a acompañar, ¿vale?	*Falls du fährst, werde ich dich begleiten, okay?*

Schmieröl fürs Gespräch

ahora mismo	zur Zeit, im Moment
allí está el problema	da liegt das Problem
por supuesto	selbstverständlich
pues sí, señor	genauso ist es

Üben

15

1. Die Zukunft bringt's

«*Voy a* ***hacer un viaje.***»

1. hacer un viaje **2.** trabajar en Acapulco **3.** comer gambas y tomar champán **4.** comprar un Rolls Royce **5.** estar lejos **6.** tener muchos niños **7.** parar en casa de Pepe **8.** llegar a las cinco **9.** desayunar con Luisa

2. Das hätte ich gerne, das würde ich gerne tun

«*Me gustaría* ***tener muchos niños.***»

1. viele Kinder haben **2.** weit weg sein **3.** einen Ferrari kaufen **4.** Paella essen und Rotwein trinken **5.** in Casablanca arbeiten **6.** eine Weltreise machen **7.** mit Madonna frühstücken

3. Was gehört zusammen?

1. el año que viene
2. todos los países
3. allí está el problema
4. te voy a acompañar
5. por eso digo

a deswegen sage ich
b ich werde dich begleiten
c im nächsten Jahr
d da liegt das Problem
e alle Länder

4. Welches ist die richtige Antwort, a oder b?

1. ¿Vale?
a Vale 100 pesetas.
b Sí, vale.

2. ¿Adónde vas?
a Voy a Madrid.
b El año que viene.

3. ¿De qué vives?
a Trabajo en una empresa.
b Eso es muy caro.

4. ¿Vas a venir solo?
a Viene también Carlos.
b Estoy solo.

5. ¿Qué te gustaría hacer?
a Hombre, comprar un coche.
b A todos los países.

6. ¿Qué haces?
a No hace nada.
b No hago nada.

Z

Alle Wörter

Die Welt

Ausländer, ausländisch
el extranjero

Engländer, englisch
el inglés

Franzose, französisch
el francés

Italiener, italienisch
el italiano

Reisebüro
la agencia de viajes

Strand
la playa

Land
el país

Welt
el mundo

Problem
el problema

Der Mensch

Hausfrau
el ama de casa

Kind
el niño

Mädchen
la chica

Ehemann
el marido

Doktor
el doctor

Verben

begleiten
acompañar

du kommst zurück
vuelves

er kommt
viene

es würde gefallen
gustaría

hingefallen
caído

hoffen
esperar

ich habe gegessen
he comido

leben
vivir

sagen
decir

machen Sie sich keine Sorgen
no se preocupe

Die Arbeit

Unternehmen
la empresa

Ingenieur
el ingeniero

Mechaniker
el mecánico

machen
hacer

Reparatur
la reparación

Maschine
la máquina

Arbeit
el trabajo

Kleine Wörter

allein
solo

auch
también

deswegen
por eso

falls
si

groß
grande

interessant
interesante

Jahr
el año

neugierig
curioso

normal
normal

teuer
caro

wohin
adónde

warum
porqué

weil
por que

Der Körper

was ist los mit Ihnen
qué le pasa

tut mir weh
me duele

Kopf
la cabeza

Aspirin
la aspirina

Essen
la comida

Arm
el brazo

Hand
la mano

Magen
el estómago

gebrochen
roto

la familia

	la abuela Oma	**el abuelo** Opa	
la tía Tante	**la madre** Mutter	**el padre** Vater	**el tío** Onkel
la prima Cousine	**la hija** Tochter	**el hijo** Sohn	**el primo** Cousin
la sobrina Nichte	**la hermana** Schwester	**el hermano** Bruder	**el sobrino** Neffe
	la nieta Enkelin	**el nieto** Enkel	

Familie in der Krise

Manchen Besucher Spaniens wird es mit Sehnsucht erfüllen, wenn er mitbekommt, daß es noch regelrechte Familien-Clans gibt. Ein Stück Vergangenheit, ein Netz, das vor dem Abstürzen schützt. Der Schein aber trügt, die traditionelle spanische Großfamilie wird gebeutelt. Scheidungen, unter Franco ein absolutes Tabu, sind seit den achtziger Jahren möglich. Der Trend geht zur Kleinfamilie: weniger Kinder, möglichst nicht drei oder vier Generationen unter einem Dach. Frauen begehren auf, sagen nicht mehr zu allem ja und amen und drängen langsam auch ins Berufsleben. Noch bekommen sie schlechtere Löhne für vergleichbare Arbeiten, noch verlieren zuerst sie in Krisenzeiten ihren Arbeitsplatz, noch hängt in der Regel an ihnen allein die Organisation des Haushalts. Aber es ändert sich etwas, Frauenkarrieren sind möglich, die Verhältnisse werden diskutiert. Die Söhne und Töchter haben derweil andere Vorstellungen vom Leben. Es erschüttert die Familie, wenn Heirat und Familie «plötzlich» nicht mehr so wichtig sind, wenn der Pepe sich vielleicht mehr für Männer interessiert oder die Antonia gerne am Haschisch-Pfeifchen hängt. Leidvoll ist der Weg aus einer Agrargesellschaft ins postindustrielle Zeitalter.

(Z) Hier fehlt's

Lesen Sie sich den Dialog durch, und tragen Sie die fehlenden Wörter ein. Wenn Sie nicht mehr weiterwissen, dann dürfen Sie auf die nächste Seite schielen:

Conversación

¿Usted es francesa?
No, ... alemana. ¿Y usted?
Yo soy americano.
¿Americano?
Sí, pero .... en España.
¿En qué trabaja?
Soy .... en la universidad de León.
Ah, muy interesante.
Y usted, ¿en qué tabaja?
Yo trabajo en casa, soy ....
Muy bien. No tiene jefe entonces.
Sí, mi .... es mi jefe.
¿No le gustaría trabajar?
Sí, muchísimo.
Entonces, ¿qué le gustaría hacer?
Me gustaría trabajar en una .... de viajes.
¿Por qué?
Hombre, para viajar.
¿Le gusta viajar?
Sí, me gusta Dinamarca, Noruega.
Marruecos, Grecia.
Sí, me .... todo el mundo.
Hombre, a mí también me gustan todos los países,
pero no .... tiempo para viajar.

Hören Sie sich den Dialog von der Cassette an, oder lesen Sie ihn sich durch. Vergleichen Sie dann die Lösungen, die Sie gefunden haben, und plappern Sie einfach nach:

Unterhaltung

¿Usted es española?
Sí, soy española. ¿Y usted?
Yo soy peruano.
¿Peruano?
Sí, pero vivo en España.
¿En qué trabaja?
Soy profesor en la universidad de Madrid.
Ah, muy interesante.
Y usted, ¿en qué trabaja?
Yo no trabajo, soy ama de casa.
Muy bien. No tiene jefe entonces.
Sí, mi marido es mi jefe.
¿No le gustaría trabajar?
Sí, muchísimo.
Entonces, ¿qué le gustaría hacer?
Me gustaría trabajar en una agencia de viajes.
¿Por qué?
Hombre, para viajar.
¿Le gusta viajar?
Sí, me gusta Italia, Francia ...
... China, Japón ...
Sí, me gusta todo el mundo.
Hombre, a mí también me gustan todos los países,
pero no tengo tiempo para viajar.

Ⓩ Prüfstand

1. Was ist korrekt?

1. No soy español, soy ...
a curioso
b extranjero
c caballero

2. ¿Vas a ... solo?
a venido
b gustaría
c venir

3. Me ... la cabeza.
a duele
b doctor
c pregunta

4. He ... un pollo con arroz.
a desayunar
b estanco
c comido

5. Yo soy ... como usted.
a preguntar
b curioso
c por supuesto

6. Me ... tomar un café.
a desayuno
b leche
c gustaría

7. Me gustaría ... un viaje.
a comer
b hacer
c decir

8. Hombre, eso es ... caro.
a mucho
b muchísimo
c muy

9. Allí ... el problema.
a hay
b está
c es

2. Rätsel

1. Hier beginnt so manche Reise – vor dem Tisch im Büro.
2. Hier endet das Land.
3. Ohne Stelle, aber nicht ohne Arbeit.
4. Sammelt jeder unweigerlich, solange er lebt.
5. Sehr naher Verwandter, aber nicht unbedingt für den Rest des Lebens.

3. Übersetzung

1. Da liegt das Problem. **2.** Ich mag den Strand. **3.** Mir tut der Arm weh. **4.** Er ist nicht gebrochen, machen Sie sich keine Sorgen. **5.** Wir haben drei Mädchen. **6.** Sie sind sehr neugierig.

4. Wie geht der Satz weiter?

1. No voy a venir solo,
2. No trabajo,
3. He comido sólo
4. Me duele la mano,
5. Me gustaría muchísimo
6. No soy ingeniero,

a hacer un viaje a Argentina.
b me he caído.
c va a venir también José.
d soy mecánico.
e soy ama de casa.
f una ensalada de tomates.

5. Haben Sie aufgepaßt?

1. Die Menschen auf der Iberischen Halbinsel
- **a** haben oft ernst zu nehmende Sprachfehler.
- **b** würden nie mit Unbekannten reden.
- **c** kommen sehr schnell ins Gespräch.

2. Die Einrichtung der *tertulia* wird genutzt von
- **a** einsamen Vertretern im Außendienst.
- **b** älteren, ehrwürdigen Männern.
- **c** kreditbedürftigen Hausfrauen.

3. Sonne und Schatten ist der Name für
- **a** ein ziemlich alkoholisches Getränk.
- **b** eine Sonnenmilch mit hohem Schutzfaktor.
- **c** einen philosophischen Roman.

4. In der *farmacia* wird
- **a** nur gequassselt.
- **b** Medizin auch mal ohne Rezept verkauft.
- **c** Landwirtschaft akademisch gelehrt.

5. Zeigefinger und kleinen Finger aus der Faust strecken
- **a** steht für *caracol* – Schecke.
- **b** steht für *luciérnaga* – Glühwürmchen.
- **c** steht für *cornudo* – Hahnrei.

6. Punks und Professoren
- **a** nehmen kein Blatt vor den Mund.
- **b** streiten sich um Vulgarismen.
- **c** lernen voneinander.

Kurzgrammatik

Fragewörter

haben allesamt einen Akzent auf der betonten Silbe. Einzigartig auf der Welt: das umgekehrte Fragezeichen am Anfang des Fragesatzes. Mancher Schreibmaschine soll das Kopfzerbrechen bereiten.

¿adónde?	wohin?	**¿adónde vamos?** *wo gehen wir hin?*
¿cómo?	wie?	**¿cómo está el tiempo?** *wie ist das Wetter?*
¿cuál?	welcher?	**¿cuál es su hotel?** *welches ist Ihr Hotel?*
¿de dónde	woher?	**¿de dónde viene?** *woher kommen Sie?*
¿dónde?	wo?	**¿dónde está la estación?** *wo ist der Bahnhof?*
¿por qué?	warum?	**¿por qué no preguntas?** *warum fragst du nicht?*
¿qué?	was?	**¿qué quiere?** *was wollen Sie?*
¿quién?	wer?	**¿quién es el jefe?** *wer ist der Chef?*

Artikel und Adjektiv

el american**o**
der Amerikaner
el american**o** negr**o**
der schwarze Amerikaner

los american**os**
die Amerikaner
los american**os** negr**os**
die schwarzen Amerikaner

la american**a**
die Amerikanerin
la american**a** negr**a**
die schwarze Amerikanerin

las american**as**
die Amerikanerinnen
las american**as** negr**as**
die schwarzen Amerikanerinnen

Der bestimmte Artikel

	männlich	weiblich
Einzahl	**el** *der*	**la** *die*
Mehrzahl	**los** *die*	**las** *die*

Achtung: die Artikel wollen mitgelernt werden. Was auf deutsch männlich oder weiblich ist, ist es auf spanisch noch lange nicht:

der Morgen	**la** mañana	**der** Mond	**la** luna
das Büro	**la** oficina	**die** Sonne	**el** sol
die Nummer	**el** número		

Faustregel: Wörter auf **-o** sind männlich, auf **-a** weiblich. Es gibt nur wenige Ausnahmen, z. B.:

el clima	*das Klima*	**el día**	*der Tag*
el mapa	*die Landkarte*	**la foto**	*das Foto*
la mano	*die Hand*	**la moto**	*das Motorrad*

Bei Wörtern, die nicht auf -**o** oder -**a** enden, sollten Sie sich den Artikel dazu einprägen, z. B.:

el dulce	*die Süßigkeit*	**la** carne	*das Fleisch*
el mar	*das Meer*	**la** noche	*die Nacht*

Plural

un american**o**	**dos** american**os**
una american**a**	**dos** american**as**

Wörter auf -**o** und -**a** kriegen in der Mehrzahl ein «**s**» dazu. Mehrzahlendung also -**os** und -**as**. Desgleichen Wörter auf -e, gleich ob sie männlich oder weiblich sind:

un estudiant**e**	**dos** estudiant**es**
una estudiant**e**	**dos** estudiant**es**

Alle anderen Wörter, die auf Konsonant enden, erhalten in der Mehrzahl ein -**es**.

un españo**l**	**dos** españo**les**
un me**s**	**dos** mes**es**
el alemá**n**	**los** alema**nes**
la universida**d**	**las** universidad**es**

Verben

Die gute Nachricht zuerst: Sie brauchen nur die Endungen der Verbformen zu wissen und können das Pronomen (ich, du, er sie, wir, ihr sie) weglassen. Die Endung macht's nämlich, weil sie die Person beinhaltet, die etwas tut.
So ist zum Beispiel -**o** immer erste Person Einzahl: «*ich*». Trabaj**o** – *ich arbeite*, tom**o** – *ich nehme / trinke*, com**o** – *ich esse*.

Es gibt **drei** Verbgruppen, auf -**ar**, -**er** und -**ir**. Das ist wichtig zu wissen, weil die Verbformen der einzelnen Personen unterschiedlich ausfallen.

	-ar	**-er**	**-ir**
Einzahl			
1. Person	**-o**	**-o**	**-o**
2. Person	**-as**	**-es**	**-es**
3. Person	**-a**	**-e**	**-e**
Mehrzahl			
1. Person	**-amos**	**-emos**	**-imos**
2. Person	**-áis**	**-éis**	**-ís**
3. Person	**-an**	**-en**	**-en**

	tom-**ar** *nehmen, trinken*	met-**er** *setzen, stellen*	discut-**ir** *diskutieren*
	tom-**o**	met-**o**	discut-**o**
	tom-**as**	met-**es**	discut-**es**
	tom-**a**	met-**e**	discut-**e**
	tom-**amos**	met-**emos**	discut-**imos**
	tom-**áis**	met-**éis**	discut-**ís**
	tom-**an**	met-**en**	discut-**en**

Die schlechte Nachricht: Es gibt eine ganze Menge unregelmäßige Verben. Die sind entweder komplett abartig und abstrus oder wenigstens regelmäßig unregelmäßig.

Die wichtigsten «regelmäßig Unregelmäßigen»

Sie ändern meist in der Einzahl und 3. Mehrzahl (ich, du, er; sie) den Stammvokal. Die 1. und 2. Mehrzahl (wir, ihr) behalten den Infinitiv-Stamm.

o → ue

contar *zählen / erzählen*

c**ue**nto	contamos
ich erzähle	*wir erzählen*
c**ue**ntas	contáis
du erzählst	*ihr erzählt*
él c**ue**nta	c**ue**ntan
er erzählt	*sie erzählen*

genauso:
poder *können*
costar *kosten*
probar *probieren*
volar *fliegen*

e → i

servir *dienen, bedienen*

s**i**rvo	servimos
s**i**rves	servís
s**i**rve	s**i**rven

genauso:
pedir *bitten*, **repetir** *wiederholen*

e → ie

querer *wollen, lieben*

qu**ie**ro	queremos
qu**ie**res	queréis
qu**ie**re	qu**ie**ren

genauso:
entender *verstehen*
perder *verlieren*
defender *verteidigen*

Nur erste Person Einzahl unregelmäßig:

c → zc

conducir *führen, fahren*

condu**zc**o	conducimos
conduces	conducís
conduce	conducen

genauso:
traducir *übersetzen*
producir *herstellen*

hacer *machen*

ha**g**o	hacemos
haces	hacéis
hace	hacen

genauso:
salir *abfahren, rausgehen*

traer *bringen*

tra**ig**o	traemos
traes	traéis
trae	traen

genauso: **caer** *fallen*

Die wichtigsten «abartigen» Verben

ir *gehen, fahren*

voy	**vamos**
ich gehe	*wir gehen*
vas	**vais**
du gehst	*ihr geht*
va	**van**
er, sie geht	*sie gehen*

tener *haben*

tengo	**tenemos**
tienes	**tenéis**
tiene	**tienen**

ser *sein*

soy	**somos**
eres	**sois**
es	**son**

estar *sein, sich befinden*

estoy	**estamos**
estás	**estáis**
está	**están**

venir *kommen*

vengo	**venimos**
vienes	**venís**
viene	**vienen**

Vergangenheit

Die einfachste Form der Vergangenheit ist das Perfekt: Hilfsverb **haber** plus **Partizip Perfekt**.

he com**ido**	*ich habe gegessen*
han tom**ado**	*sie haben genommen*

haber *haben* (als Hilfsverb)

he	**hemos**
ich habe	*wir haben*
has	**habéis**
du hast	*ihr habt*
ha	**han**
er hat	*sie haben*

Noch eine gute Nachricht: es gibt nur ein Hilfsverb für die Vergangenheit haber. Die lästige Frage «*sein* oder *haben*» entfällt somit. Zum Ausgleich wieder eine schlechte Nachricht: nicht alle Partizipien sind regelmäßig.

Regelmäßige Partizipien

tom**ar** – tom**ado**	**-ar → -ado**
met**er** – metido	**-er → -ido**
discut**ir** – discut**ido**	**-ir → -ido**

Regelmäßige Partizipien

Verben auf -ar

acompañado	*begleitet*
buscado	*gesucht*
desayunado	*gefrühstückt*
estado	*gewesen*
esperado	*gewartet*
llamado	*gerufen, angerufen*
llegado	*angekommen*
necesitado	*gebraucht*
parado	*angehalten*
preguntado	*gefragt*
trabajado	*gearbeitet*
tomado	*genommen, getrunken*

Verben auf -er/-ir

bebido	*getrunken*
caído	*gefallen*
comido	*gegessen*
dolido	*geschmerzt*
ido	*gegangen*
podido	*gekonnt*
querido	*gewollt, geliebt*
sido	*gewesen*
tenido	*gehabt*
venido	*gekommen*
vivido	*gelebt*

Kleine Liste abartiger Partizipien

abrir	**abierto** – *geöffnet*
hacer	**hecho** – *gemacht*
decir	**dicho** – *gesagt*
poner	**puesto** – *gesetzt, angezogen*
volver	**vuelto** – *zurückgekommen*
ver	**visto** – *gesehen*

Präpositionen

a

a Argentina *nach Argentinien*
a Madrid *nach Madrid*
a las tres *um drei Uhr*
a casa *nach Hause*

en

en Francia *in Frankreich*
en la clase *in der Klasse*
en general *im allgemeinen*

para

para un año *ein Jahr lang*
para José *für José*

por

por eso *deswegen*
por aquí *hier in der Gegend*
por la mañana *morgens*

de

de España *aus Spanien*
de Carlos *von Carlos*

a und **de** verschmelzen mit dem Artikel **el** zu **al** und **del**. Sonst gibt es keine Kontraktionen.

Pronomen

Personalpronomen	Dativ/Akkusativ	Possessivpronomen
yo	**me**	**mi**
ich	*mir / mich*	*mein*
tú	**te**	**tu**
du	*dir / dich*	*dein*
él	**le/lo**	**su**
er	*ihm / ihn*	*sein*
ella	**le/la**	**su**
sie	*ihr / sie*	*ihr*
usted	**le/le,la**	**su**
Sie	*Ihnen / Sie*	*Ihr*
nosotros	**nos**	**nuestro,-a**
wir	*uns*	*unser*
vosotros	**os**	**vuestro,-a**
ihr	*euch*	*euer*
ellos	**les/los**	**su**
sie	*ihnen / sie*	*ihr*
ellas	**les/las**	**su**
sie	*ihnen / sie*	*ihr*
ustedes	**les/los/las**	**su**
Sie	*Ihnen / Sie*	*Ihr*

Possessivpronomen (mein, dein, sein ...) richten sich nicht nach dem Besitzer wie im Deutschen, sondern nach dem, was besessen wird:

nuestro amigo	*unser Freund*
nuestra amiga	*unsere Freundin*

su heißt 1. sein, 2. ihr 3. Ihr

Schlüssel

Üben 1

1. **1.** a **2.** b **3.** a **4.** b **5.** b **6.** b

2. **1.** ¿qué tal? **2.** buenas tardes **3.** hasta luego **4.** bien, gracias **5.** buenos días **6.** hasta mañana

3. **1.** d **2.** e **3.** c **4.** a **5.** b

4. **1.** Muchas gracias, hasta mañana. **2.** Hola, buenos días. **3.** Hola, buenas noches. **4.** ¿Cómo estás? **5.** Adiós, hasta luego.

Üben 2

1. **1.** Ich bin der Chef. **2.** Sind Sie Angestellter? **3.** Name, bitte. **4.** In einem Büro. **5.** Ein deutscher Student. **6.** Du bist Spanierin. **7.** Der Lehrer. **8.** Arbeitest du nicht? **9.** Mein Name ist Arantzgui.

2. **1.** b **2.** b **3.** b **4.** a **5.** a

3. **1.** El jefe **2.** Buenas noches **3.** El empleado **4.** El estudiante **5.** El profesor

4. **1.** Alemania **2.** el profesor **3.** mi nombre es **4.** el empleado **5.** la empleada **6.** ¿cómo se llama? **7.** ¿dónde trabaja? **8.** en una oficina **9.** soy alemán (alemana)

5. **1.** nombre **2.** se **3.** soy **4.** una

Üben 3

1. **1.** d **2.** a **3.** c **4.** e **5.** f **6.** b

2. **1.** cinco **2.** tres **3.** cinco **4.** cuatro **5.** cuatro **6.** tres **7.** dos **8.** dos **9.** cero

3. **1.** f **2.** r **3.** r **4.** f **5.** r

4. uno, dos, tres – cuatro, cinco, seis – tres, dos, uno – seis, cinco, cuatro – siete, ocho – nueve, diez – siete, ocho, nueve, diez

5. **1.** hasta mañana **2.** fatal **3.** bueno

6. **1.** uno, cuatro, siete, nueve, cuatro, cero, tres **2.** ocho, cinco, dos, nueve, siete, uno, dos **3.** seis, cinco, cuatro, tres, dos, uno, cero **4.** siete, nueve, seis, ocho, cinco, siete, cuatro **5.** dos, cuatro, seis, ocho, cero, dos, cinco

Hier fehlt's: buenos – Cómo – muy – hora – punto – hasta – hasta – favor – nombre – soy – número – número

Prüfstand 1–3

1. **1.** el teléfono, por favor **2.** la oficina, por favor **3.** el número, por favor **4.** el nombre, por favor **5.** el profesor, por favor **6.** el jefe, por favor **7.** el empleado, por favor **8.** el estudiante, por favor

2. **1.** tres **2.** diez **3.** uno **4.** cinco **5.** cuatro **6.** nueve **7.** siete **8.** ocho **9.** dos

3. **1.** c **2.** b **3.** a **4.** b **5.** c

4. **1.** c **2.** c **3.** b **4.** b **5.** b **6.** c

Üben 4

1. **2.** ¿Cuánto vale la ducha? **3.** ¿Cuánto vale el billete de segunda clase? **4.** ¿Cuánto vale el taxi? **5.** ¿Cuánto vale la habitación con tres camas? **6.** ¿Cuánto vale el billete a Madrid? **7.** ¿Cuánto vale el baño? **8.** ¿Cuánto vale el pasaporte? **9.** ¿Cuánto vale el hotel?

2. **1.** b **2.** a **3.** b **4.** b **5.** a

3. **1.** c **2.** d **3.** b **4.** a

4. **1.** Aquí tiene el pasaporte. **2.** Aquí tiene la llave. **3.** Aquí tiene la firma. **4.** Aquí tiene el nombre. **5.** Aquí tiene el número de teléfono. **6.** Aquí tiene el billete. **7.** Aquí tiene la oficina. **8.** Aquí tiene el teléfono.

Üben 5

1. **1.** a **2.** b **3.** b **4.** b **5.** b **6.** a

2. **1.** billete **2.** profesor **3.** andén **4.** directo

3. **1.** dos billetes **2.** dos aeropuertos **3.** dos camas **4.** dos minutos **5.** dos firmas **6.** dos ideas **7.** dos trenes **8.** dos estaciones **9.** dos profesores

4. **1.** ni idea **2.** andén **3.** primera clase, por favor **4.** ¿Está lejos? **5.** a doce minutos andando **6.** es complicado **7.** el aeropuerto **8.** ¿cuándo sale? **9.** mejor en (el) tren

5. **1.** Dos billetes para Sevilla, por favor. **2.** Tres billetes para Madrid, por favor. **3.** Un billete para París, por favor. **4.** Cinco billetes para Málaga, por favor. **5.** Dos billetes para La Coruña, por favor. **6.** Cuatro billetes para El Ferrol del Caudillo, por favor.

Üben 6

1. **1.** trece **2.** seis **3.** diez **4.** cuatro **5.** siete **6.** veintitrés **7.** cinco **8.** tres **9.** ocho

2. **1.** dos días **2.** tres autobuses **3.** los desayunos **4.** muchos aviones **5.** dos semanas **6.** tres billetes **7.** cuatro profesores **8.** ocho trenes **9.** los hombres

3. **1.** a las cinco **2.** a las siete **3.** a las ocho **4.** a las dos **5.** a las diez **6.** a las seis **7.** a las cuatro **8.** a las tres **9.** a la una

4. **1.** billete **2.** el desayuno **3.** el avión **4.** cama matrimonial **5.** aeropuerto.

5. **1.** ¿Cuándo sale el avión? **2.** ¿Cuándo sale el tren a Bilbao? **3.** ¿Cuándo sale el autobús? **4.** ¿Cuándo sale el metro? **5.** ¿Cuándo sale el avión de la mañana? **6.** ¿Cuándo sale el autobús de la tarde? **7.** ¿Cuándo sale el Talgo a Santander?

Hier fehlt's: está – minutos – buenas – pesetas – noches – personas – cama – en – de.

Prüfstand 4–6

1. **1.** c **2.** c **3.** a **4.** b **5.** c **6.** b **7.** b **8.** a

2. **1.** Es gibt ein Flugzeug um halb sechs. **2.** Das macht zwölftausend Peseten. **3.** Keine Ahnung. **4.** Was kostet Ihre Unterschrift? **5.** Möchten Sie ein Zimmer mit Dusche? **6.** Es ist ein bißchen weit? **7.** Der Zug hält in Toledo. **8.** Gleich fährt er ab. **9.** Hier haben Sie den Schlüssel.

3. **1.** a **2.** b **3.** a **4.** b **5.** a **6.** b

4. **1.** Tres billetes para Alicante, por favor **2.** A la estación, por favor **3.** A Caracas, un billete de segunda clase, por favor. **4.** ¿Dónde está el aeropuerto, por favor? **5.** ¿Cuándo sale (el tren)? **6.** ¿Está lejos?

5. **1.** d **2.** e **3.** a **4.** c **5.** b

Üben 7

1. **1.** b **2.** b **3.** a **4.** b **5.** a

2. **1.** Oiga, un café, por favor **2.** una tostada con mantequilla **3.** un pan con mermelada **4.** un café con leche **5.** un té con leche **6.** un croisán **7.** una Coca Cola

3. **1.** dos café**s** **2.** dos desayuno**s** **3.** dos pan**es** **4.** dos lista**s** **5.** dos tostada**s** **6.** dos té**s**

4. **1.** un poco de pan **2.** lo siento **3.** entonces una tostada **4.** con aceite y ajo **5.** ¿quiere comer? **6.** ¿cuánto vale un té?

Üben 8

1. **1.** d **2.** e **3.** b **4.** a **5.** c

2. **1.** ¿El pollo, cuánto es? **2.** ¿El agua mineral, cuánto es? **3.** ¿El pescado, cuánto es? **4.** ¿El vino, cuánto es? **5.** ¿La tapa de queso, cuánto es? **6.** ¿La cerveza, cuánto es? **7.** ¿La tostada, cuánto es? **8.** ¿El plato del día, cuánto es? **9.** ¿La leche, cuánto es?

3. **1.** ¿Quiere una tostada con mantequilla? **2.** ¿Quiere una tapa de jamón? **3.** ¿Quiere una sopa de pescado? **4.** ¿Quiere un plato de carne? **5.** ¿Quiere una cerveza? **6.** ¿Quiere un café con leche? **7.** ¿Quiere la (!) cuenta. **8.** ¿Quiere un agua mineral?

4. **1.** Una ensalada. ¿Algo más? – No nada más. **2.** un plato de jamón **3.** dos de carne con tomate **4.** un pollo con arroz **5.** una tapa de queso **6.** un vino blanco **7.** una jarra de cerveza **8.** una tostada con aceite y ajo

5. **1.** las patatas fritas **2.** el vino blanco **3.** la ensalada de tomates **4.** el agua mineral **5.** el pollo con arroz **6.** en seguida

Üben 9

1. **1.** a **2.** a **3.** a **4.** b **5.** a

2. **1.** un vino blanco **2.** un pollo con arroz **3.** una tapa de queso **4.** una sopa **5.** un zumo de naranja **6.** un plato de espaguetis **7.** el desayuno **8.** una tostada con ajo **9.** un plato de sardinas **10.** un jerez / un vino fino **11.** un café con leche **12.** la cuenta.

3. **1.** c **2.** d **3.** b **4.** e **5.** a

4. **1.** cuatro tapas **2.** nueve cervezas **3.** dos vasos **4.** cinco vinos **5.** diez cuentas **6.** muchos zumos **7.** tres pollos **8.** cinco platos **9.** ocho quesos.

Hier fehlt's: buenas – de – patatas – plato – plato – personas – por – postres – muy – cuenta – tengo

Prüfstand 7–9

1. **Falsch sind: 1a. 2a. 3b. 4a. 5b**

2. **1.** a **2.** a **3.** b **4.** b **5.** c **6.** b

3. **1.** la tostada **2.** la lista de precios **3.** voy **4.** el resto **5.** oiga **6.** la cuenta **7.** el plato del día **8.** aceite y ajo.

4. **1.** un té con manteqilla **2.** un plato de cerveza **3.** arroz con aceite y ajo **4.** una tapa de leche **5.** una tostada con zumo **6.** el desayuno con pescado (igitt) **7.** un vaso de sardinas **8.** Tenemos la cuenta.

5. **1.** b **2.** b **3.** c **4.** a **5.** b **6.** a

Üben 10

1. **1.** b **2.** a **3.** a **4.** a **5.** a **6.** b

2. **1.** ¿Tiene fruta? **2.** ¿Tiene tomates? **3.** ¿Tiene pan integral? **4.** ¿Tiene patatas? **5.** ¿Tiene arroz? **6.** ¿Tiene vino? **7.** ¿Tiene chorizo? **8.** ¿Tiene café con leche? **9.** ¿Tiene jamón serrano?

3. **1.** No tengo patatas. **2.** No tengo café. **3.** No tengo espaguetis. **4.** No tengo mantequilla. **5.** No tengo patatas fritas. **6.** No tengo pescado. **7.** No tengo cerveza. **8.** No tengo zumo de naranja. **9.** No tengo tomates.

4. **1.** g **2.** h **3.** e **4.** f **5.** d **6.** c **7.** a **8.** b

Üben 11

1. **1.** a **2.** b **3.** a **4.** b **5.** b **6.** a

2. **1.** ¿Dónde están los pantalones? **2.** ¿Dónde están los discos? **3.** ¿Dónde están las chaquetas? **4.** ¿Dónde están las blusas? **5.** ¿Dónde están los vinos? **6.** ¿Dónde están los servicios? **7.** ¿Dónde est**á** (!) la panadería? **8.** ¿Dónde est**á** El Corte Inglés? **9.** ¿Dónde est**á** la sección de señoras?

3. **1.** a **2.** b **3.** b **4.** a **5.** a **6.** b

4. **1.** En el segundo piso a la izquierda. **2.** En el sótano a la derecha. **3.** No tenemos servicios. **4.** ¿Dónde está la sección de caballeros? **5.** Necesito una chaqueta. **6.** Los regalos, por favor. **7.** Voy a preguntar a una colega.

Üben 12

1. **1.** ¿Dónde puedo comprar sellos? **2.** ¿Dónde puedo tomar una cerveza? **3.** ¿Dónde puedo llamar por teléfono? **4.** ¿Dónde puedo trabajar? **5.** ¿Dónde puedo buscar zapatos? **6.** ¿Dónde puedo desayunar?

2. **1.** busco el teléfono **2.** busco la sección de señoras **3.** busco el estanco **4.** busco la lista de precios **5.** busco el andén número tres **6.** busco el aceite **7.** busco la mantequilla **8.** busco los (!) espaguetis **9.** busco el pasaporte

3. **1.** a **2.** b **3.** a **4.** a **5.** a **6.** b

4. **1.** e **2.** d **3.** b **4.** c **5.** a **6.** g **7.** f

Hier fehlt's: busca – que – por – muy – me – Cuánto – mil – talla – me – vez – muchas.

Prüfstand 10–12

1. **Richtig ist: 1.** a **2.** c **3.** a **4.** b **5.** b **6.** c

2. **1.** vino **2.** bonito **3.** zapatos **4.** llave **5.** tapa **6.** andando

3. **1.** el zapato **2.** el sello **3.** los servicios **4.** el sótano **5.** la talla

4. **1.** c **2.** c **3.** a **4.** a **5.** b **6.** c

5. **1.** ¿Algo más? **2.** ¿Nada más? **3.** ¿Qué le pongo? **4.** Hay de todo. **5.** ¿Qué talla tiene? **6.** ¿Qué busca?

Üben 13

1. **1.** Emilio tiene cuarenta y seis años. **2.** Emilia tiene cuarenta y siete años. **3.** Juan tiene trece años. **4.** Sebastián tiene veintiún años. **5.** Vicente tiene treinta y tres años. **6.** María–José tiene setenta y nueve años. **7.** José–María tiene ochenta y un años. **8.** José tiene dieciséis años. **9.** Euardo tiene noventa y nueve años.

2. **1.** No, no soy alemán, soy español. **2.** … , soy italiano. **3.** … , soy americano. **4.** … , soy inglés. **5.** … , soy francés. **6.** … , soy austríaco. **7.** … , soy suizo. **8.** … , soy andaluz. **9.** … , soy catalán.

3. **1.** Soy mecánico, trabajo en una empresa. **2.** Soy empleado, trabajo en un banco. **3.** Soy profesor, trabajo en una universidad. **4.** Soy ama de casa, trabajo en casa. **5.** Soy empleado de RENFE, trabajo en la estación de trenes. **6.** Soy ingeniero, trabajo en una oficina. **7.** Soy estudiante , trabajo en una/la universidad.

4. **1.** a **2.** a **3.** b **4.** b **5.** b

5. **1.** ama de casa **2.** curioso **3.** francés **4.** marido **5.** empresa **6.** inglés

Üben 14

1. **1.** d **2.** c **3.** e **4.** a **5.** b

2. **1.** Me duele el brazo. **2.** Me duele la cabeza. **3.** Me duele la mano. **4.** Me duele el estómago. **5.** Me duele el jefe. **6.** Me duele el problema.

3. **1.** He comido una tostada con ajo y aceite. **2.** He comido pan con mantequilla. **3.** He comido flan con fruta. **4.** He comido ensalada de tomates. **5.** He comido pollo con arroz. **6.** He comido pescado con espaguetis. **7.** No he comido nada.

4. **1.** He tomado una cerveza. **2.** He tomado un café con leche. **3.** He tomado un agua mineral. **4.** He tomado un zumo de naranja. **5.** He tomado una Coca-Cola. **6.** He tomado una leche. **7.** He tomado un vino tinto.

5. **1.** zapato **2.** marido **3.** curioso **4.** avión **5.** mano

Üben 15

1. **1.** Voy a hacer un viaje. **2.** Voy a trabajar en Acapulco. **3.** Voy a comer gambas y tomar champán. **4.** Voy a comprar un Rolls Royce. **5.** Voy a estar lejos. **6.** Voy a tener muchos niños. **7.** Voy a parar en casa de Pepe. **8.** Voy a llegar a las cinco. **9.** Voy a desayunar con Luisa.

2. **1.** Me gustaría tener muchos niños. **2.** Me gustaría estar lejos. **3.** Me gustaría comprar un Ferrari. **4.** Me gustaría comer paella y tomar vino tinto. **5.** Me gustaría trabajar en Casablanca. **6.** Me gustaría hacer un viaje del mundo. **7.** Me gustaría desayunar con Madonna.

3. **1.** c **2.** e **3.** d **4.** b **5.** a

4. **1.** b **2.** a **3.** a **4.** a **5.** a **6.** b

Hier fehlt's: soy – vivo – profesor – ama de casa – marido – agencia – gusta – tengo

Prüfstand 13–15

1. **1.** b **2.** c **3.** a **4.** c **5.** b **6.** c **7.** b **8.** c **9.** b

2. **1.** la agencia de viajes **2.** la playa **3.** el ama de casa **4.** los años **5.** el marido

3. **1.** Allí está el problema. **2.** Me gusta la playa. **3.** Me duele el brazo. **4.** No está roto, no se preocupe. **5.** Tenemos tres chicas. **6.** Usted es muy curioso.

4. **1.** c **2.** e **3.** f **4.** b **5.** a **6.** d

5. **1.** c **2.** b **3.** a **4.** b **5.** c **6.** a

Wörterbuch

Dieses Wörterbuch beinhaltet rund 2700 spanische Wörter und Wendungen. Es gilt zu beachten:

Stark umgangssprachliche Wendungen sind mit einem ⟨ ⟩ gekennzeichnet.

Hauptwörter auf **-o** sind immer männlich, haben also den Artikel **el** oder **un**. Hauptwörter auf **-a** sind immer weiblich, haben den Artikel **la** oder **una**. Alles, was davon abweicht (zum Beispiel **el** día), und alle Hauptwörter, die auf Konsonanten enden, sind mit dem entsprechenden Artikel versehen.

Im spanischen Alphabet sind **«ch»** und **«ll»** eigene Buchstaben und werden nach **«c-»** und **«l-»** aufgeführt.

Die Zahlen geben an, auf welcher Seite jeweils die 300 wichtigsten Wörter eingeführt werden, mit denen sich dieses Sprachbuch besonders befaßt.

A

a *in, nach, zu* **41**
a no ser *wenn nicht*
abajo *unten, hinunter*
abandonar *verlassen*
abierto/a *offen*
abogado *Rechtsanwalt*
abonar *bezahlen, begleichen*
abrazo *Umarmung*
abrebotellas (el) *Flaschenöffner*
abrelatas (el) *Dosenöffner*
abrigo *Mantel, Schutz*
abril (el) *April*
abrir *öffnen, aufmachen*
absoluto, en - *überhaupt nicht*
abuela *Großmutter*
aburrido/a (estar) *sich langweilen*
aburrirse *sich langweilen*
abusar de *mißbrauchen*
acabar *beenden,* **- de** *gerade getan haben,* **- con** *ein Ende bereiten, fertig machen*
accidente (el) *Unfall*
acción (la) *Handlung, Tat, Aktion*
aceite (el) *Öl* **57, - solar** *Sonnenöl*
aceituna *Olive*
acelerar *beschleunigen*
acento *Akzent*
aceptar *akzeptieren*
acera *Bürgersteig*
acercarse *sich nähern*
acomodador (el) *Platzanweiser*
acompañar *begleiten* **105**
aconsejar *raten*
acontecimiento *Ereignis, Vorfall*
acordarse de *sich erinnern*
acostarse *sich schlafen legen*
acostumbrarse a *sich gewöhnen*
actitud (la) *Verhalten, Haltung*
actividad (la) *Tätigkeit*
activo/a *tätig, aktiv*
acto oficial *offizielle Veranstaltung*
actor (el) *Akteur, Schauspieler*
actriz (la) *Schauspielerin*
actual *gegenwärtig, aktuell*

acuerdo, de - *einverstanden*
acusar *beschuldigen*
adelantado, por - *im voraus*
adelantar *überholen*
adelgazar *abnehmen (Gewicht)*
además *außerdem*
adiós *Wiedersehen* **17**
adivinar *(er)raten*
adjetivo *Adjektiv*
administración (la) *Verwaltung*
admirar *bewundern*
admitir *zulassen, gestatten*
adónde *wo, wohin* **105**
aduana *Zoll*
adverbio *Adverb*
aeropuerto *Flughafen* **41**
afeitarse *sich rasieren*
aficionado/a *Fan, Liebhaber / in*
afirmar *bestätigen*
agarrar *festhalten, greifen*
agencia *Büro, Agentur,* **- de viajes** *Reisebüro* **105, - inmobiliaria** *Maklerbüro*
agosto *August*
agradable *angenehm*
agradecer *sich bedanken, danken*
agricultor (el) *Bauer*
agricultura *Landwirtschaft*
agrio/a *sauer*
agua (el) *Wasser,* **- mineral** *Mineralwasser* **61, - potable** *Trinkwasser*
aguantar *aushalten,* **-se** *durchhalten*
aguardiente (el) *Schnaps*
águila (el) *Adler*
agujero *Loch*
ahí *dort,* **- mismo** *genau dort,* **por -** *dort irgendwo*
ahora *jetzt* **41**
ahorrar *sparen*
ahumado *geräuchert*
aire (el) *Luft,* **- acondicionado** *Klimaanlage*
ajo *Knoblauch* **57**
al fondo *hinten* **81**
al lado (de) *nebenan, neben*
al menos *wenigstens*
al principio *am Anfang*
ala (el) *Flügel*
albañil (el) *Maurer*
alcachofa *Artischocke*
alcalde (el) *Bürgermeister*
alcanzar *erreichen*
alcohol (el) *Alkohol*
alegrarse de *sich freuen über*
alegría *Freude*
alejarse *sich entfernen*
alemán (el) *deutsch, Deutscher* **21**
Alemania *Deutschland* **21**
algo *etwas* **61**
algodón (el) *1. Baumwolle 2. Watte*
alguien *jemand*
algún *(irgend)ein*
alimentación (la) *Ernährung*
alimento *Nahrung, Lebensmittel*
aliñar *anmachen (Salat etc.)*
alma *Seele*
almacén (el) *Kaufhaus*
almohada *Kissen*
almuerzo *Mittagessen*
alojamiento *Übernachtung*
alpinismo *Bergsteigen*
alquilar *mieten*
alquiler (el) *Miete,* **- de coches** *Autoverleih*
alrededor (el) *Umgebung, um ... herum*
alto/a *hoch*
altura *Höhe*
alumno/a *Schüler / in*
allá *dort, dorthin*
allí *dort, dorthin* **81**
ama de casa (el) *Hausfrau* **97**
amable *nett*
amar *lieben***amargo/a** *bitter*
amarillo *gelb*
ambiente (el) *Stimmung, Atmosphäre*
ambulancia *Krankenwagen*
amenazar *bedrohen*
América *Amerika*
americano *amerikanisch*
amigo/amiga *Freund, -in*
amistad (la) *Freundschaft*
amor (el) *Liebe*
amoroso/a *Liebes-*
amplio/a *weit*
análisis de sangre (el) *Blutprobe*
ancho/a *breit, weit, Breite*
Andalucía *Andalusien*
andando *zu Fuß* **41**
andén (el) *Bahnsteig* **41**
anestesia *Narkose*
anillo *Ring*
animal (el) *Tier*
anís (el) *Anisschnaps*
anoche *gestern abend*
ante *vor, angesichts*
anteayer *vorgestern*
anterior *vorhergehend, vorherig, früher*
antes *früher,* **- de** *vor*
anticiclón (el) *Hoch (meteorol.)*
antídoto *Gegengift*
antigüedades (las) *Antiquitäten*
antiguo/a *alt*
anual *jährlich*
anunciar *ankündigen, bekanntgeben*
anuncio *Anzeige, Annonce*
año *Jahr* **97**
apagar *löschen, ausmachen*
aparato *Apparat, Flugzeug,* **-s electrodomésticos** *Haushaltsgeräte*
aparcamiento *Parkplatz*
aparcar *parken*
apartamento *Apartment*
apellido *Nachname*
apéndice (el) *Blinddarm*
apendicitis (la) *Blinddarmentzündung*

apetito *Appetit*
apostar *wetten*
apoyar *(unter)stützen*
aprender *lernen*
aprendiz (el, la) *Lehrling*
apretar *drücken*
aprovechar *nutzen,* **qué aproveche** *guten Appetit*
apuntarse a *sich einschreiben*
aquel, aquella *jener, jene*
aquello/a *das, jenes*
aquí *hier* **37, por -** *hier irgendwo*
árabe (el) *arabisch, Araber*
árbitro *Schiedsrichter*
árbol (el) *Baum*
arco *Bogen*
area de servicio (el) *Raststätte*
arena *Sand*
Argentina *Argentinien*
argumento *Argument*
arma *Waffe*
armario *Schrank*
arrancar *anspringen*
arreglar *in Ordnung bringen*
arrestar *verhaften*
arriba *oben*
arrogante *arrogant*
arroz (el) *Reis* **61, - con leche** *Milchreis*
arte (el) *Kunst*
artesano *Handwerker*
artículo *Artikel*
artista (el) *Künstler*
asado *gebraten*
asalto *Überfall*
asar *braten*
ascensor (el) *Aufzug*
asco *Ekel*
así *so,* **- que** *so daß*
asiento *Sitz*
asignatura *Studienfach, -Schein*
asma (el) *Asthma*
asomarse a *sich hinauslehnen*
aspecto *Aussehen*
aspiradora *Staubsauger*
asturiano/a *asturianisch*
Asturias *Asturien*
asunto *Angelegenheit*
atacar *angreifen*
ataque (el) *Anfall,* **- cardíaco** *Herzanfall,* **- de apoplejía** *Schlaganfall*
atar *binden, fesseln*
atareado/a *beschäftigt*
atasco *Stau*
atención (la) *Achtung*
atender *bedienen*
atento/a *aufmerksam*
aterrizaje (el) *Anflug, Landung*
atractivo/a *attraktiv, anziehend*
atrás *hinten*
atrasado/a *verspätet, zurückgeblieben*
atravesar *überqueren, durchqueren*
atreverse *sich wagen*
atún (el) *Thunfisch*
aumentar *zunehmen, steigen, sich erhöhen*
aunque *obwohl*
auriculares (los) *Kopfhörer*
Austria *Österreich*
austríaco *österreichisch, Österreicher*
autobús (el) *Bus* **45**
automático/a *automatisch*
autopista *Autobahn*
autor (el) *Autor, Urheber*
autoridades (las) *Behörden*
autoservicio *Selbstbedienung*
auxilio *Hilfe,* **- en carretera** *Pannenhilfe,* **- sanitario** *ärztliche Hilfe*
avanzar *fortschreiten, vorwärtskommen*
avenida *Allee*
aventura *Abenteuer*
avería *Panne*
averiado/a *kaputt, in Panne*
aves (las) *Geflügel*
avión (el) *Flugzeug* **45**
avisar *Bescheid sagen*
aviso *Benachrichtigung, Anweisung*
ayer *gestern*
ayuda *Hilfe*
ayudar *helfen*
ayunas, en - *nüchtern*
ayuntamiento *Rathaus*
azúcar (el) *Zucker*
azul *blau*

B

bacalao *Stockfisch*
bache (el) *Schlagloch*
bailar *tanzen*
bajar *runtergehen, aussteigen*
bajar las luces *abblenden*
bajo *unter, Untergeschoß*
balcón (el) *Balkon, Brüstung*
balonmano *Handball*
banco *Bank,* **- Central** *die Zentralbank*
banda *Musikkapelle*
bandeja *Tablett*
bandera *Fahne, Flagge, Banner*
bañador (el) *Badehose*
baño *Bad* **37**
bar (el) *Kneipe*
barato/a *billig*
barba *Bart*
barbaridad 〈 〉, qué - *fürchterlich*
barbudo *bärtig*
barco *Schiff*
barra *Brot(-Laib)* **77,** *Theke*
barrio *Stadtviertel*
bastante *genug*
bastar *genügen, ausreichen*
basura *Müll, Abfall*
bata *Morgenmantel*
batería *Batterie*
bazar (el) *Bazar*
beber *trinken* **61**
bebida *Getränk*
beca *Stipendium*
belga (el) *belgisch, Belgier*
Bélgica *Belgien*

belleza *Schönheit*
berenjena *Aubergine*
besar *küssen*
besugo *Rotbarsch*
biblioteca *Bibliothek, Bücherei*
bicho *Tier, Ungeziefer*
bici (la), bicicleta *Fahrrad*
bien *gut* **17**
bienvenido *willkommen* **17**
bigote (el) *Schnurrbart*
billete (el) *Fahrkarte, Geldschein* **41**
biología *Biologie*
bistec (el) *Beefsteak*
bizcocho *Biskuits, Zwieback*
blanco/a *weiß* **61**
blando *weich*
bledo 〈 〉, importa un - *es ist schnurzpiepegal*
bloque (el) *Wohnhaus*
blusa *Bluse* **81**
boca *Mund*
bocadillo *belegtes Brot*
bochorno *Schwüle*
bocina *Hupe*
boda *Hochzeit*
bodega *Weinkeller, Weinhandlung*
bola *Kugel*
bolígrafo *Kugelschreiber*
Bolivia *Bolivien*
bolsa *Tüte*
bolso *Tasche*
bomba *1. Bombe 2. Pumpe*
bomberos (los) *Feuerwehr*
bombilla *Glühbirne*
bonito/a *hübsch, schön* **85**
boquerones (los) *Sardellen*
borracho/a *betrunken, Betrunkene/r*
borrasca *Sturm*
bosque (el) *Wald*
bota *Stiefel*
botella *Flasche*
botón (el) *Knopf*
braga(s) *Schlüpfer*
brazo *Arm* **101**
broma *Scherz, Ulk*
broncear *braun werden*
brut *brut*
bruto/a *brutal, ungehobelt, derb*
bucear *tauchen*
buenas tardes *guten Tag*
buenísimo/a *sehr gut*
bueno/a *gut* **25, buenos días** *guten Tag* **17, buenas noches** *guten Abend* **17**
bujía *Zündkerze*
buque (el) *Schiff*
burgués (el) *Bürger*
burocracia *Bürokratie*
burro/a *Esel / in*
buscar *suchen* **85**
butaca *Sessel*
buzón (el) *Briefkasten*

C

C.O.U. (el) *Studienorientierungsjahr*
caballero *Herr* **81**
caballo *Pferd*
caber *hineingehen, hineinpassen, Platz haben*
cabeza *Kopf* **101**
cabina *Kabine,* **- telefónica** *Münzfernsprecher*
cable (el) *Kabel*
cada *jede / r,* **- día** *jeden Tag,* **- vez** *jedesmal*
cadena *Kette*
cadera *Hüfte* **101**
caer *fallen* **101, - bien/fatal** *gefallen (gut / schlecht)*
café (el) *Kaffee, Kaffeehaus* **57, - con leche** *Milchkaffee* **57, - solo** *Espresso*
cafetera *Kaffeemaschine*
cafetería *Café, Cafeteria*
caja *Kasse,* **- de ahorros** *Sparkasse,* **- de cambio** *Getriebe*
cajón (el) *Schublade*
cala *Bucht*
calamar (el) *Tintenfisch*
calambre (el) *Krampf*
calcetines (los) *Socken*
calefacción (la) *Heizung*
calentado/a *aufgewärmt*
calentador (el) *Durchlauferhitzer*
calentar *wärmen*
calidad (la) *Qualität, Güte*
caliente *warm, heiß*
callarse *schweigen*
calle (la) *Straße,* **hacer la -** *auf den Strich gehen*
calleja *Gasse*
callejón sin salida *Sackgasse*
calor (el) *Hitze,* **hace -** *es ist heiß*
calzoncillos (los) *Unterhosen*
cama *Bett* **37**
cámara *Fotoapparat*
cámara de vídeo *Videokamera*
camarero/a *Kellner / in*
camarote (el) *Kabine*
cambiar *wechseln,* **- por** *austauschen gegen*
cambio *Wechsel, Wechselgeld, -stube,* **- de aceite** *Ölwechsel*
caminar *gehen, wandern*
camino *Weg*
camión (el) *Lastwagen*
camisa *Hemd*
camiseta *Unterhemd*
campana *Glocke*
campesino/a *Bauer*
camping (el) *Campingplatz*
campo *Land*
canal (el) *Kanal, Sender*
Canarias (las) *Kanarische Inseln* **77**
cáncer (el) *Krebs (med.)*
canción (la) *Lied*
cansado/a *müde*
cansar *fertig machen, ermüden*
cantar *singen*
cantidad (la) de 〈 〉 *ein Haufen ...*
caña de cerveza *kleines Glas Bier*

cañón (el) *Kanone, Geschütz*
caos (el) *Chaos*
capaz *fähig*
capilla *Kapelle*
capital (la) *(Provinz-) Hauptstadt*
capitalismo *Kapitalismus*
capitalista (el) *kapitalistisch, Kapitalist*
capricho *Laune*
cara *das Gesicht*
carácter (el) *Charakter*
caravana *1. Autoschlange 2. Wohnwagen*
carbón (el) *Kohle*
carburador (el) *Verteiler*
cárcel (la) *Gefängnis*
cargar *(be)laden, aufladen*
cariño *Schatz*
cariñoso *zärtlich*
carísimo/a *sehr teuer*
carne (la) *Fleisch,* **- picada** *Hackfleisch* **65**
carnet (el) *Ausweis,* **- de conducir** *Führerschein,* **- de identidad** *Personalausweis*
carnicería *Metzgerei*
carnicero *Metzger*
caro/a *teuer* **105**
carrera *1. Akademische Laufbahn 2. Rennen*
carrete (el) *Film,* **- en blanco y negro (el)** *Schwarzweißfilm,* **- en color** *Farbfilm*
carretera *Landstraße*
carril (el) *Fahrspur*
carta *Brief* **85, - certificada** *Einschreiben,* **- urgente** *Eilbrief*
cartera *Brieftasche*
carterista *Taschendieb*
cartero *Briefträger*
cartón (el) *Stange (Zigaretten)*
casa *Haus,* **- de la cultura** *Bürgerhaus,* **en -** *zu Hause*
casado/a *verheiratet*
casarse *heiraten*
casi *fast*
caso *Fall,* **hacer -** *beachten, hinhören*
castellano *kastilisch, Kastilier*
castigar *bestrafen*
castillo *Schloß*
casualidad (la) *Zufall*
catalán (el) *katalanisch, Katalone*
Catalunia *Katalonien*
catedral (la) *Kathedrale*
catedrático *Universitätsprofessor*
causa *Ursache, Grund*
causar *verursachen*
caza *Jagd*
cazar *jagen*
cebolla *Zwiebel*
ceda el paso *Vorfahrt beachten*
celebrar *feiern*
cementerio *Friedhof*
cena *Abendessen*
cenar *zu Abend essen*
cenicero *Aschenbecher*
centímetro *Zentimeter*
central (la) *zentral, Zentrale*
centralita de teléfonos *Telefon-Vermittlung*
céntrico *zentral gelegen*
centro *Zentrum, Agentur, Studio,* **- ciudad** *Stadtzentrum,* **- comercial** *Einkaufszentrum,* **- urbano** *Ortsmitte*
cepillo *Bürste,* **- de dientes** *Zahnbürste*
cerca de *nahe bei*
cerdo *Schwein*
cerebro *Gehirn, Hirn*
cereza *Kirsche*
cerillas (las) *Streichhölzer*
cero *Null* **25**
cerrado/a *geschlossen*
cerradura *Türschloß*
cerrajero *Schlosser*
cerrar *schließen, abschließen*
certificado *1. Zeugnis, Urkunde 2. Einschreiben*
cerveza *Bier* **61**
cesta *Korb*
ciclismo *Radsport*
ciclón (el) *(meteorol.) Tief*
ciego/a *blind, Blinde*
cielo *Himmel*
cien *Hundert,* **por ciento** *Prozent*
ciencia *Wissenschaft,* **- ficción** *Science-fiction*
cierto/a *wahr, gewiß*
cigarillos (los) *Zigaretten*
cilindro *Zylinder*
cinco *fünf*
cincuenta *fünfzig*
cine (el) *Kino,* **- de madrugada** *Spätnachtkino*
cinta *Band*
cinturón (el) *Gürtel,* **- de seguridad** *Sicherheitsgurt*
circuito *Rundfahrt*
circulación (la) *Verkehr*
círculo *Kreis*
circunstancia *Umstand*
ciruela *Pflaume*
cita *Verabredung, Termin*
ciudad (la) *Stadt*
civilización (la) *Zivilisation*
claro/a *klar* **77**
clase media (la) *Mittelstand*
clavícula *Schlüsselbein*
clavo *Nagel*
claxon (el) *Hupe*
cliente (el) *Kunde*
clima (el) *Klima*
clínica *Klinik*
cloaca *Kloake*
cobarde (el) *feige, Feigling*
cobrar *kassieren*
cocer *kochen, backen*
coche (el) *Auto, Wagen,* **- cama** *Schlafwagen,* **- litera** *Liegewagen,* **- restaurante** *Speisewagen*
cocina *Küche*
cocinar *kochen*
cocinero/a *Koch / Köchin*
codo *Ellbogen*
coger *(mit)nehmen*
cohete (el) *Rakete*
cola *1. (Steh-)Schlange 2. Kleber*
colchón (el) *Matraze*
colección (la) *Sammlung*

coleccionar *sammeln*
colectivo *gemeinsam, kollektiv, Kollektiv*
colega *Kollege* **81**
colegio privado *Privatschule*
cólera *Cholera*
coliflor (la) *Blumenkohl*
colina *Hügel*
Colocao *Kakao*
colocar *auf-, hinstellen, -legen*
Colombia *Kolumbien*
colombiano *kolumbianisch*
colonia *Kolonie, Kölnisch Wasser*
color (el) *Farbe*
colorado *rot (im Gesicht)*
columna *Säule*, **- vertebral** *Wirbelsäule*
comedia *Komödie*
comedor (el) *Speisesaal*
comentar *kommentieren*
comenzar *anfangen, beginnen*
comer *essen* **57**
comercial *kommerziell*
comerciante (el) *Geschäftsmann*
comercio *1. Handel 2. Geschäft*
comestibles (los) *Nahrungs-, Lebensmittel*
cometer *begehen*
comida *Essen* **101**
comienzo *Beginn, Anfang*
comisaría (de policía) *Polizeidienststelle*
cómo *wie* **25**, **- no** *wieso nicht, natürlich!*, **- quieran** *wie Sie wünschen*, **a - está** *wieviel kostet*
cómodo/a *bequem*
compañero *Kamerad*
comparar *vergleichen*
compartimento *Abteil*
competencia *Wettbewerb, Konkurrenz*
competición (la) *Wettkampf*
completamente *ganz*
completo *komplett*
complicado *kompliziert, schwierig* **41**
componerse *bestehen aus, sich zusammensetzen aus*
comportarse *sich benehmen*
compositor (el) *Komponist*
comprar *kaufen*
compras, de - *beim Einkaufen*
comprender *verstehen*
compresa *Damenbinde*
comprimido *Tablette*
comprobar *(über)prüfen*
compromiso *Verabredung*
computadora *Computer*
común *gemeinsam*
comunicado *verbunden*
comunidad (la) *Gemeinschaft*
comunismo *Kommunismus*
comunista (el) *kommunistisch, Kommunist*
con *mit, bei* **37**
conceder *zugestehen, zubilligen*
conciencia *Gewissen*
concierto *Konzert*
conclusión (la) *Schluß, Schlußfolgerung*
condición (la) *Bedingung*, **en -es** *ordentlich, in ordentlichem Zustand*
condimento *Gewürz*
conducir *1. führen 2. Auto fahren*
conductor (el) *Fahrer*
conejo *Kaninchen*
conferencia *1. Konferenz 2. Vortrag 3. Ferngespräch*
confesar *gestehen, zugeben*
confesarse *beichten*
confianza *Vertrauen*
confiar *vertrauen*
confirmar *bestätigen*
confitura *Konfitüre*
conflicto *Konflikt*
conforme *einverstanden*
confundir *verwechseln*
congelador (el) *Tiefkühltruhe*
congreso *Kongreß*
conjunto *1. Gesamtheit 2. Ensemble, Kapelle*
conmigo *mit mir*
conocer *kennen, kennenlernen*
conocimiento *1. Kenntnis 2. Bewußtsein*
conquista *Eroberung*
consecuencia *Folge*
conseguir *erlangen*
consejo *Ratschlag*
conserva *Konserve*
conservador (el) *konservativ*
conservar *konservieren, erhalten, bewahren*
considerable *beträchtlich*
considerar *betrachten, halten für*
consigna *Gepäckaufbewahrung*
consistir *bestehen*
consomé (el) *Kraftbrühe*
constante *ständig, dauernd*
constar *feststehen, feststellen*
constipado *Erkältung*
construcción (la) *Bauwesen*
construir *bauen, konstruieren*
consulado *Konsulat*
consulta *Sprechstunde*
consumir *verbrauchen*
consumo *Verbrauch, Konsum*
contable (el) *Buchhalter*
contacto *Kontakt*
contagio *Ansteckung*
contagioso *ansteckend*
contar *1. zählen 2. erzählen*, **- con** *auf etwas zählen, mit etwas rechnen*
contener *enthalten, beinhalten*
contento/a *zufrieden*
contestador automático (el) *automatischer Anrufbeantworter*

contestar *antworten, beantworten*
contigo *mit dir*
continente (el) *Kontinent*
continuamente *dauernd, unaufhörlich*
contra *gegen*
contrabando *Schmuggel*
contradecir *widersprechen*
contrario *gegenteilig, entgegengesetzt, Gegenteil*
contrato *Vertrag*
contribuir *beitragen*
control (el) *Kontrolle,* **- de seguridad** *Sicherheitskontrolle*
controlar *kontrollieren*
convencer *überreden, überzeugen*
conveniente *sinnvoll, adäquat*
conversación (la) *Unterhaltung, Gespräch*
convertirse *sich verwandeln, zu etwas werden*
convivencia *Zusammenleben*
coñac (el) *Kognak*
copa *Glas (mit Stiel)*
copia *Kopie*
copiar *abschreiben*
corazón (el) *Herz*
corbata *Krawatte*
cordero *Lamm*
correa trapezoidal *Keilriemen*
corregir *korrigieren, verbessern, berichtigen*
correos (los) *Post*
correr *laufen*
correspondencia *1. Briefwechsel, Korrespondenz 2. Anschluß*
corresponder *entsprechen, übereinstimmen*
corrida *Stierkampf*
corriente *gewöhnlich, üblich*
corriente (la) *1. Strömung 2. elektr. Strom*
cortar *schneiden*
corte de pelo (el) *Haarschnitt*
Corte Inglés (el) *größtes spanisches Kaufhaus* **81**
cortés *höflich*
cortina *Vorhang*
corto *kurz,* **- circuito** *Kurzschluß*
cosa *Sache*
cosecha *Ernte*
costa *Küste*
costilla *Rippe*
costumbre (la) *Sitte, Gewohnheit*
cráneo *Schädel*
crecer *wachsen*
crédito *Kredit*
creer *glauben*
crema *Creme*
crema catalana *katalanische Creme*
cremallera *Reißverschluß*
crimen (el) *Verbrechen*
crisis (la) *Krise*
cristianismo *Christentum*
crítica *Kritik*
criticar *kritisieren*
crítico *kritisch, Kritiker*
croissant (el) *Hörnchen* **57**
cruce (el) *Kreuzung*
crucero *Kreuzfahrt*
crudo/a *roh*
cruz *Kreuz,* **- Roja** *Rotes Kreuz*
cruzar *kreuzen, überqueren*
cuaderno *Heft*
cuadro *Gemälde*
cuál *welcher*
cualquier *irgendein*
cuándo *wann* **41**, *wenn, als*
cuánto *wieviel* **2**, **- vale** *was kostet* **37**, **a - están** *wieviel kosten*
cuarenta *vierzig*
cuarto *1. viertel 2. Zimmer,* **- de baño** *Badezimmer,* **- de hora** *Viertelstunde*
Cuba *Kuba*
cubano/a *kubanisch, Kubaner / in*
cubata (el) *Cuba libre*
cubierto *Gedeck, Besteck*
cubo *1. Würfel 2. Eimer*
cubrir *be-, zudecken*
cuchara *Löffel*
cuchillo *Messer*
cuello *1. Hals 2. Kragen*
cuenta *1. Rechnung 2. Konto* **61**
cuento *Erzählung, Märchen*
cuerda *Schnur, Leine*
cuero *Leder*
cuerpo *Körper*
cuesta *es kostet*
cuestión (la) *Frage*
cueva *Höhle*
cuidado *Achtung, Vorsicht*
culo ⟨!⟩ *Arsch*
culpa *Schuld*
cultura *Kultur*
cumpleaños *Geburtstag*
cumplir *erfüllen*
cuñado/a *Schwager / Schwägerin*
cura (el) *Pfarrer, Pfaffe*
curioso *neugierig* **97**
cursi *kitschig, geschmacklos*
cursillo *Kurs*
curso *Kurs, Lehrgang*
curva *Kurve*

CH

chal *Schal*
chaleco salvavidas *Schwimmweste*
chalet (el) *Villa, Bungalow,* **- adosado** *Reihenhaus*
champán (el) *Champagner*
champiñones (los) *Champignons*
champú (el) *Shampoo*
chantaje (el) *Erpressung*
chapuza *Schwarzarbeit*
chaqueta *Jacke* **81**
charla *Gespräch*
charlar *reden*
chelín (el) *Schilling*

cheque (el) *Scheck*
chicle (el) *Kaugummi*
chico/a *jung, Junge* **97**
Chile *Chile*
chileno *chilenisch*
chino *chinesisch*
chiringuito *Strandkneipe*
chocolate (el) *Schokolade*
chófer (el) *Fahrer*
choque *Zusammenstoß*
chorizo *1. Paprikawurst* **77** *2. Kleingauner*
choza *Hütte*
chubasco *Regenschauer*
chuleta *Schnitzel*
chuparse los dedos *sich die Finger schlecken*

D

D.N.I. (el) Documento Nacional de Identidad *Personalausweis*
daño *Schaden*
dar *geben,* **- de baja** *krank schreiben,* **- miedo** *angst machen,* **- rabia** *wütend machen,* **- vergüenza** *beschämen, genieren,* **-se cuenta** *bemerken*
de *von,* **de ... a ...** *von ... bis ...,* **de nada** *keine Ursache* **45**
debajo *unter*
deber *schulden, sollen* **77**
débil *schwach*
decidir *entscheiden, beschließen*
decidirse a *sich entschließen zu*
decir ... *sagen* **105**
decisión (la) *Entscheidung*
declarar *1. erklären 2. verzollen*
dedicarse *sich etwas widmen / zuwenden*
dedo *Finger,* **hacer -** *per Anhalter fahren*
defecto *Fehler, Defekt*
defender *verteidigen*
defensa *Verteidigung*
dejar *lassen,* **- en paz** *in Ruhe lassen*
delante *vor*
delgado/a *dünn*
demanda *Nachfrage*
demasiado/a *zuviel*
democracia *Demokratie*
dentista (el) *Zahnarzt*
dentro *innen,* **- de poco** *bald*
denuncia *Klage, Anzeige*
denunciar *anzeigen*
departamento *Abteil*
depender *abhängen, drauf ankommen* **61**
depilar *enthaaren*
deporte (el) *Sport,* **- náutico (el)** *Wassersport*
deportista (el) *Sportler / in*
deposición (la) *Stuhlgang*
deprimido/a *deprimiert*
derecho *Recht*
derecho/a *rechts*
derrota *Niederlage*
desarollo *Entwicklung*
desayunar *frühstücken* **57**
desayuno *Frühstück* **45**
descafeinado *koffeinfrei*
descansar *ausruhen*
descanso *Ausruhen, Rast*
descapotable *Cabriolet*
describir *beschreiben*
descubrir *entdecken, aufdecken*
desde *seit (Zeitpunkt),* **- hace** *seit (Zeitdauer)*
desear *wünschen*
desempleo *Arbeitslosigkeit*
desigual *ungleich, verschieden*
desmayarse *ohnmächtig werden, Bewußtsein verlieren*
desnudarse *sich entkleiden, ausziehen*
desnudo/a *nackt*
desorden (el) *Unordnung*
despacho *Büro,* **- de billetes** *Fahrkartenschalter*
despacio *langsam*
despegar *abheben, loslösen*
despegue (el) *Abflug, Start*
despertarse *aufwachen*
despierto *wach*
después *danach, nach*
destinatario/a *Empfänger / in*
destino *1. Ziel 2. Schicksal*
destruir *zerstören*
desviación (la) *Umleitung*
detener *1. verhaften 2. zurückhalten*
detrás *hinter*
deuda *Schuld*
devolver *zurückgeben*
día (el) *Tag* **45, - libre** *freier Tag*
diagnóstico *Diagnose*
diapositiva *Dia*
diariamente *täglich*
diarrea *Durchfall*
dibujo *Zeichnung, Zeichnen (als Unterrichtsfach)*
diccionario *Wörterbuch*
dice *er / sie sagt, Sie sagen*
diciembre (el) *Dezember*
diciendo *sagend*
dictadura *Diktatur*
diente (el) *Zahn,* **- de ajo** *Knoblauchzehe*
dieta *Diät*
diez *zehn* **45**
diferencia *Unterschied*
diferente *unterschiedlich*
difícil *schwierig*
dificultad (la) *Schwierigkeit*
difteria *Diphtherie*
dígame *sagen Sie mir, Hallo (am Telefon)* **81**
digestión (la) *Verdauung*
dignamente *in Würde*
digo *ich sage*
dime *sag mir*
dinero *Geld*
Dios *Gott,* **por -** *um Gottes willen*
dirección (la) *1. Richtung, Adresse 2. Regie, Leitung,* **- única** *Einbahnstraße*
directamente *direkt*

directo *direkt, unmittelbar* **45**
director (el) *1. Direktor 2. Regisseur*
dirigirse *sich hinwenden*
disc-jokey (el) *Diskjockey*
disco *(Schall-)Platte* **81**, **- blando** *Diskette*, **- duro** *Festplatte*
discoteca *Diskothek*
discutir *diskutieren*
disfrutar con *genießen*
disgusto *Enttäuschung*
dislocación (la) *Verrenkung*
disminuir *verringern, vermindern, schrumpfen, abnehmen*
disposición (la) *1. Verfügung, Anordnung 2. Fähigkeit*
dispuesto a *bereit zu*
distancia *Entfernung*
distinto *verschieden, anders*
distraerse *sich beschäftigen, sich zerstreuen, sich ablenken*
divertirse *sich vergnügen*
dividir *(auf)teilen, dividieren*
divisa *Devisen*
divorciarse *sich scheiden lassen*
divorcio *Scheidung*
doble (el) *doppelt, Doppelte*
doce *zwölf* **41**
docena *Dutzend*
doctor (el) *Doktor* **101**
documento (el) *Dokument*
dólar (el) *Dollar*
doler *schmerzen* **101**
dolor (el) *Schmerz*
domicilio *Anschrift*
domingo *Sonntag*
dónde *wo* **21**, **- sea** *wo auch immer*
dormir *schlafen*
dormitorio *Schlafzimmer*
droga *Droge*
droguería *Drogerie*
ducha *Dusche* **37**
ducharse *duschen*
dueño *Besitzer*
dulce *süß* **65**, *Süßigkeit*
durante *während*
duro *1. Fünf-Peseten-Münze 2. hart*

E

echar *werfen, rausschmeißen*, **- una mano** *helfen*
economía de empresas *Betriebswirtschaft*
económico/a *preiswert*
edad (la) *Alter*
edificio *Gebäude*
educación (la) *Erziehung*
educado *wohlerzogen*
efecto *Wirkung*
Egipto *Ägypten*
egoísta *egoistisch, eigensüchtig, Egoist*
eje (el) *Achse*
ejemplo *Beispiel, Vorbild*, **por -** *zum Beispiel*
ejercicio *Gymnastik*
ejército *Armee, Heer*
el *der*
él *er*
El País *große Tageszeitung*
elección (la) *(politische) Wahl*
eléctrico/a *elektrisch*
elegir *(aus)wählen, aussuchen, erwählen*
ella *sie (Einzahl, weiblich)*
ellas *sie (Mehrzahl, weiblich)*
ello *es*
ellos *sie (Mehrzahl, männlich)*
embajada *Botschaft*
embarazada *schwanger*
embarazo *Schwangerschaft*
embarque (el) *Einschiffung*
embotellamiento *Verkehrsstau*
embrague (el) *Kupplung*
embutido *Wurst, Aufschnitt*
emigrante (el, la) *Auswanderer / in, Emigrant / in*
emisión (la) *Sendung, Ausstrahlung*
emisora *Rundfunk, TV-Sender*
empalme (el) *Anschluß*
empanada *Pastete*
empezar *anfangen*
empleado *Angestellter* **21**
empresa *Betrieb, Unternehmen* **97**
empresario *Unternehmer*
empujar *drücken*
enamorado/a *verliebt, Verliebte / r*
en *in*, **- seguida** *sofort* **61**
encantar *entzücken*
encargado/a *zuständiger Sachbearbeiter*
encargarse *übernehmen, sorgen für*
encendedor (el) *Feuerzeug*
encender *anzünden, einschalten, anmachen*
enchufe (el) *1. Steckdose 2. Stecker*
encima *obendrauf / außerdem, über*
encontrar *finden*
encuentro *Begegnung, Treffen*
enemigo/a *Feind, Gegner / in*
energía *Energie*
enero *Januar*
enfadarse con *sich ärgern über*
enfermedad (la) *Krankheit*
enfermera/o *Krankenschwester / Krankenpfleger*
enfermo *krank*
enfrente *gegenüber* **85**
engañar *täuschen, belügen, hinters Licht führen*

enlace (el) *Zubringer, Verbindung*
enorme *riesig, enorm*
enrollarse bien 〈〉 *gut drauf sein, was los machen*
ensalada *Salat* **61**
enseñar *zeigen*
entender *verstehen*
enterarse *in Erfahrung bringen*
entero/a *ganz*
entierro *Begräbnis*
entonces *also* **57**
entrada *1. Eingang 2. Eintritt, -skarte 3. Vorspeise*
entrante (el) *Appetizer*
entrar *eintreten, mit der Arbeit beginnen*
entre *1. dazwischen 2. treten Sie ein*
entregar *aushändigen*
entremeses *Vorspeisen*
entretanto *inzwischen, zwischenzeitlich*
entrevista *Interview, Unterredung*
entusiasmado *begeistert*
enviar *schicken, senden*
envidia *Neid*
envolver *einwickeln, einpacken*
episodio *1. Episode 2. Folge (aus TV-Serie)*
época *Epoche*
equipaje (el) *Gepäck*
equitación (la) *Reitsport*
equivocado/a *geirrt, falsch*
error (el) *Irrtum, Fehler*
erupción cutánea (la) *Ausschlag*
esa *jene*
escala *Zwischenlandung*
escalera *Treppe, Leiter*
escalope (el) *Schnitzel*
escandaloso *skandalös*
escapar *entfliehen*
escaparate (el) *Schaufenster*
escaparse *entfliehen, entkommen*
escarlatina *Scharlach*
escenario *Bühne*
escoger *(aus)wählen, aussuchen*
esconder *verstecken*
escribir *schreiben*
escritor (el) *Schriftsteller*
escuchar *zuhören*
escuela *Schule*
escultor (el) *Bildhauer*
ese *jener, dieser*
esfuerzo *Anstrengung*
espacio *Raum*
espaguetís *Spaghetti* **65**
espalda *Rücken*
español/-a *spanisch* **21**
esparadrapo *(Heft-)Pflaster*
espárrago *Spargel*
espasmo *Krampf*
especia *Gewürz*
especial *besonders, spezial*
espectáculo *Vorstellung, Veranstaltung, Schauspiel, Spektakel*
espejo *Spiegel*
esperanza *Hoffnung*
esperar *warten, hoffen* **105**
espina *1. Fischgräte 2. Dorn, Stachel*
esponja *Schwamm*
esposo/a *Gatte / Gattin, Ehemann / -frau*
esquí (el) *Ski*
esquina *Ecke*
esta noche *heute nacht*
estación (la) *Bahnhof, Busbahnhof* **41**, *Jahreszeit*, **- de servicio** *Tankstelle*, **- de trenes** *Bahnhof*
estadio *Stadion*
estado *gewesen*, **- civil** *Familienstand*, **- de carreteras** *Straßenzustand*
Estado *Staat*
Estados Unidos (los) *Vereinigte Staaten*
estadounidense *us-amerikanisch, US-Amerikaner*
estanco *Tabakladen* **85**
estantería *Regal*
estar por las nubes *vor sich hin träumen*
estatua *Statue*
este *dieser*
este (el) *Osten*
esto *dies* **81**
estofado *Art Gulasch*
estómago *Magen* **101**
extranjero *ausländisch, Ausländer* **97**
estrecho *eng*
estrella *1. Stern 2. Star*
estreñimiento *Verstopfung*
estropear *kaputtmachen, beschädigen*
estudiante (el) *Student* **21**
estudiar *studieren / lernen*
estudio *Studio, Studium*
estufa *Ofen*
estupendo/a *klasse, großartig*
eurocheque (el) *Euroscheck*
Euskadi *Baskenland*
eusquera *baskisch*
exagerado/a *übertrieben*
examen (el) *Prüfung*
excelente *ausgezeichnet, exzellent*
excepción (la) *Ausnahme*
excursión (la) *Ausflug*
excusar *entschuldigen*
exigir *verlangen, fordern*
existencia *Existenz, Dasein*
existir *existieren, sein*
éxito *Erfolg*
exótico *exotisch*
expedir *Brief / Paket aufgeben*
experiencia *Erfahrung*
explicación (la) *Erklärung*
explicar *erklären*
exposición (la) *Ausstellung*
expresión (la) *Ausdruck*
expreso *Eilzug*
exterior *äußere(r, s), Äußere*
extranjero *Ausländer, ausländisch*
extrañar *sich wundern*

extraño/a *fremd, Fremde / r*
Extremadura *Estremadura*

F

fábrica *Fabrik*
fachada *Fassade*
fácil *leicht*
facilidad (la) *Leichtigkeit*
factor (el) *Faktor*
factura *Rechnung*
facultad (la) *(Uni-)Fakultät*
falda *Rock*
fallar *fehlen, ausfallen*
falsificado *gefälscht*
falta *Mangel,* **hacer -** *fehlen*
faltar *fehlen*
fama *Ruhm*
familia *Familie*
famoso/a *berühmt*
fantástico/a *phantastisch*
farmacéutico *Apotheker*
farmacia *Apotheke*
faro *1. Scheinwerfer 2. Leuchtturm*
fatal *in grauslichem Zustand, fatal* **17**
favor (el) *1. Gefallen, Gefälligkeit 2. Gunst*
febrero *Februar*
fecha *Datum*
fecha de nacimiento *Geburtsdatum*
felicidades (las) *Glückwünsche*
feliz *glücklich*
feo/a *häßlich, Häßliche*
ferrocarril (el) *Eisenbahn*
ferroviario *Eisenbahner*
festival (el) *Festival*
festivo *Feiertag*
fiar de *trauen*
ficha *Formular, Karteizettel*
fichero *Kartei*
fideo *Nudel*
fiebre (la) *Fieber,* **- del heno (la)** *Heuschnupfen*
fiesta *Fest*
figura *Gestalt, Figur*
fijar *1. festmachen, befestigen 2. festlegen, festsetzen*
fijo *fest*
fila *Reihe*
filete (el) *Filet*
filtro *Filter*
fin (el) *Ende,* **- de semana** *Wochenende*
final (el) *Ende*
finales, a - de *Ende ...*
fino/a *fein, dünn*
firma *Unterschrift* **37**
firmar *unterschreiben*
física *Physik*
físico *1. Physiker 2. Aussehen*
flamenco *Flamenco*
flan (el) *Karamelpudding* **65**
flash (el) *Blitzlicht*
flato *Blähungen*
flauta *Flöte*
flor (la) *Blume*
florería *Blumengeschäft*
flotador (el) *Schwimmreif*
flotando *schwimmend*
folleto *Prospekt*
fomentar *ankurbeln, fördern*
fontanero *Installateur*
footing (el) *Joggen*
forma *Form*
formación (la) escolar *Schulbildung*
formar *bilden*
formidable *ausgezeichnet, toll*
fórmula *Formel*
fortuna *Vermögen, Reichtum*
foto (la) *Foto*
fracasar *scheitern, schief gehen*
fracaso *Reinfall*
fractura *Bruch*
francés (el) *französisch, Franzose* **97**
Francia *Frankreich*
franco *Franken*
franquear *frankieren*
franqueo *Porto*
franquista (el) *Frankist*
frase (la) *Satz*
frecuente *häufig*
fregar *spülen*
freír *braten*
frenar *bremsen*
freno *Bremse,* **- de alarma** *Notbremse,* **- de mano** *Handbremse*
frente (el) *Front*
frente (la) *Stirn*
frente a *gegenüber, vor*
fresa *Erdbeere*
fresco *frisch*
fresón (el) *Erdbeere*
frigorífico *Kühlschrank*
frío *kalt,* **hace -** *es ist kalt*
frito *gebraten*
frontera *Grenze, Grenzübergang*
fruta *Obst* **77**
frutería *Obsthandlung*
fruto *Frucht*
fuego *Feuer*
fuente (la) *1. Quelle 2. Brunnen 3. Schüssel*
fuera *draußen, außer Haus*
fuerte *1. stark 2. laut*
fuerza *Stärke, Kraft*
fumar *rauchen*
función (la) *1. Amt, Tätigkeit 2. Funktion 3. Vorstellung*
funcionario de Estado *Beamter*
fútbol (el) *Fußball*
futuro *Zukunft*

G

gabardina *Regenmantel*
gafas (las) *Brille,* **- de sol** *Sonnenbrille*
Galerías Preciados (las) *großes Kaufhaus*
Galicia *Galicien*
gallego/a *galicisch, Galicier / in*
galleta *Keks*
gallina *Huhn, Henne*

gallo *Hahn*
gamba *Krabbe*
gambita *kleine Krabbe*
gana *Lust*
ganar *gewinnen*
ganga *Schnäppchen*
garaje (el) *Garage*
garantía *Garantie, Sicherheit*
garantizar *garantieren, ver-, zusichern*
garbanzo *Kichererbse*
garganta *Kehle, innerer Hals*
gas (el) *Sprudel*
gaseosa *Brauselimonade*
gasóleo *Diesel*
gasolina *Benzin*
gasolinera *Tankstelle*
gastar *ausgeben*
gato *Katze*
gazpacho *kalte Gemüsesuppe*
general *1. General 2. allgemein,* **en -** *oder* **por lo -** *im allgemeinen*
generoso/a *großzügig*
gente (la) *Leute*
gerente (el) *Geschäftsführer*
gimnasia *Gymnastik*
gimnasio *Fitneß-Center*
giro *Überweisung*
glaciar *Gletscher*
glándula *Drüse*
gobierno *Regierung*
goma *1. Gummi 2. Klebstoff,* **- de borrar** *Radiergummi*
gordo (el -) *Haupttreffer*
gordo/a *dick*
gorro *Mütze*
gota *Tropfen*
grabar *aufzeichnen, bespielen*
gracias *danke* **17**
gramática *Grammatik*
gramo *Gramm* **77**
gran parte *Großteil*
grande *groß* **97**
granizo *Hagel*
gratuito/a *umsonst, kostenlos*
grave *schlimm*
Grecia *Griechenland*
griego/a *griechisch, Grieche / Griechin*
grifo *Wasserhahn*
gripe (la) *Grippe*
gris *grau*
gritar *schreien, rufen*
grito *Schrei, Ruf*
grupo *Gruppe*
guante (el) *Handschuh*
guapa/o *hübsch*
guardar *1. behalten 2. aufbewahren, aufheben*
guardia civil *Polizei*
guay ⟨ ⟩ *stark, dufte*
guerra *Krieg*
guía (el, la) *Führer / in,*
guía de teléfono (la) *Telefonbuch*
guisante (el) *Erbse*
guisar *kochen*
guisqui (el) *Whisky*
guitarra *Gitarre*
gustar *gefallen* **150**

H

haber *haben*
habitación (la) *Zimmer* **37, - doble** *Doppelzimmer,* **- individual** *Einzelzimmer*
habitante (el, la) *Einwohner / in*
hablar *sprechen*
hace *1. er/sie macht, Sie machen 2. seit*
hacer *machen* **97**
hambre (el) *Hunger*
hamburguesa *Hamburger*
harina *Mehl*
hartarse de *überdrüssig werden*
harto/a *leid / überdrüssig*
hasta *bis* **17**
hay *es gibt* **45, - que** *man muß*
hecho *gemacht*
helado *Eis*
helicóptero *Hubschrauber*
hemorragia *Blutung*
herida *Wunde, Verletzung*
herido *verletzt*
herirse *sich verletzen*
hermana *Schwester*
herramienta *Werkzeug*
hielo *Eis*
hierba *Gras*
hierro *Eisen*
hígado *Leber*
higiénico/a *hygienisch*
higo *Feige*
hijo/a *Sohn / Tochter*
hinchado/a *geschwollen*
historia *Geschichte*
hoja *Blatt, Seite*
hola *hallo* **17**
Holanda *Holland*
holandés *holländisch* **77**
hombre (el) *Mann* **45**
hombro *Schulter*
honor (el) *Ehre*
hora *Stunde* **25**
horario *Stundenplan, Zeitplan*
horchata *Erdmandelmilch*
horno *Ofen*
horroroso/a *gräßlich*
hospital (el) *Krankenhaus*
hostal (el) *Gasthof*
hostelería *Gastronomie*
hotel (el) *Hotel*
hoy *heute,* **- día** *heutzutage*
hubo *es gab (historisches Perfekt)*
huelga *Streik*
hueso *1. Knochen 2. Kern*
huevo *Ei,* **- duro** *hartgekochtes Ei,* **- frito** *Spiegelei*
húmedo *feucht*
humor (el) *Laune*

I

Iberia *Iberia (sp. Fluglinie)*
ida y vuelta *Hin- und Rückfahrt*
idea *Idee* **41**
ideal *ideal*
idioma (el) *Sprache*
idiota (el) *Idiot*

iglesia *Kirche*
ignorante *unwissend*
ignorar *nicht wissen*
igual *egal, gleichgültig, genauso*
ilusión (la) *Ilusion, Freude*
imagen *Bild*
imaginar *sich vorstellen*
imitar *nachahmen, nachmachen*
impedir *(ver)hindern, behindern*
importante *wichtig*
importar *wichtig sein,* **no importa** *ist nicht wichtig*
importe (el) *Betrag*
imposible *unmöglich*
impresión (la) *Eindruck*
impresionar *beeindrucken*
impreso *Formular, Drucksache*
impresora *(PC-)Drucker*
impuesto *Steuer*
incluido *inbegriffen*
incluso *sogar*
inconveniente *ungünstig*
increíble *unglaublich*
independiente *unabhängig, selbständig*
India *Indien*
indicar *hinweisen, angeben, zeigen*
indicativo *Indikativ*
indigestión (la) *Magenverstimmung*
industria *Industrie*
infarto miocardio *Herzinfarkt*
infección (la) *Entzündung*
infeliz *unglücklich*
inflación (la) *Inflation*
inflamación (la) *Entzündung*
influencia *Einfluß*
información (la) *Information*
informar de *informieren*
ingeniería *Ingenieurwesen*
ingeniero *Ingenieur* **97**
Inglaterra *England*
inglés (el) *englisch, Engländer* **97**
ingresar *einzahlen*
ingresos *Einkünfte*
inmediatamente *sofort, unverzüglich*
inscribirse *sich einschreiben*
inscripción (la) *Einschreibung*
insecto *Insekt*
inseguridad (la) *Unsicherheit*
insolación (la) *Sonnenbrand, -stich*
insomnio *Schlaflosigkeit*
insoportable *unerträglich*
instalador (el) *Installateur*
instrucción (la) *Anleitung*
instrumento *Instrument*
insuficiente *ungenügend, nicht ausreichend*
inteligente *intelligent*
intención (la) *Absicht*
intentar *versuchen*
intercambio *Austausch*
interés en (el) *Interesse an*
interesante *interessant* **97**
interesar *interessieren*
internacional *international*
intérprete (el) *Dolmetscher*
interruptor (el) *Lichtschalter*
intestino *Darm*
intoxicación (la) *Vergiftung*
inventar *erfinden*
invento *Erfindung*
invertir *einzahlen, investieren*
invierno *Winter*
invitado/a *eingeladen*
invitar *einladen*
inyección (la) *Injektion, Spritze*
ir *gehen,* **- en metro** *mit der U-Bahn fahren*
Irlanda *Irland*
irlandés *irisch, Ire*
ironía *Ironie*
isla *Insel*
Italia *Italien*
italiano *italienisch, Italiener* **97**
itinerario *Route*
izquierdo/a *links*

J

jabón (el) *Seife*
jamón (el) *Schinken* **77, - serrano (el)** *roher Schinken,* **- York (el)** *gekochter Schinken*
jaqueca *Migräne*
jarabe (el) *Sirup, Hustensaft*
jardín (el) *Garten*
jarra *Krug*
jefe (el) *Chef* **21**
jerez (el) *Sherry*
jersey (el) *Pullover*
Jet (la) *Jet-set*
jolines ⟨ ⟩ *verdammt*
jóven *1. jung 2. junger Mann, junges Mädchen*
joya *Juwel*
joyería *Juweliergeschäft*
jubilado *Rentner*
judía *grüne Bohne*
judío/a *jüdisch, Jude / Jüdin*
juego *Spiel*
juerga *Rambazamba*
jueves *Donnerstag*
juez (el) *Richter*
jugar *spielen*
jugoso/a *saftig*
juguete (el) *Spielzeug*
julio *Juli*
junio *Juni*
junta *1. Dichtung (mechanisch) 2. Junta*
junto *nahe bei, zusammen*
jurar *schwören*
juventud (la) *Jugend*

K

kilo *1. Kilo 2. Million Peseten* **77**
kilómetro *Kilometer*

L

la *die*
labio *Lippe*
laca *Haarspray*
lado *Seite,* **en todos -** *überall,* **por todos -** *überall*
ladrón (el) *Dieb*
lago *See*
lágrima *Träne*
lámpara *Lampe*
lana *Wolle*
langosta *Languste*
lápiz (el) *Bleistift,* **- de labios** *Lippenstift*
largo *lang*
las *die (Mehrzahl),* **- cinco** *fünf Uhr*
lata *Dose*
Latinoamérica *Lateinamerika*
latinoamericano/a *lateinamerikanisch, Lateinamerikaner / in*
laurel (el) *Lorbeer*
lavabo *Toilette, Waschbecken*
lavadora *Waschmaschine*
lavandería *Wäscherei*
lavar *waschen*
laxante (el) *Abführmittel*
le *ihm, ihr, Ihnen*
leche (la) *Milch* **57, - del día** *Frischmilch,* **- solar** *Sonnenmilch*
lechuga *Salat*
leer *lesen*
legumbres (los) *Hülsenfrüchte*
lejos *weit entfernt* **41**
lengua *Sprache*
lenguado *Seezunge*
lenteja *Linse (Gemüse)*
lento/a *langsam*
leotardos (los) *Strumpfhose*
letra *1. Buchstabe 2. Schrift*
levantarse *aufstehen*
ley (la) *Gesetz*
leyendo *lesend*
libertad (la) *Freiheit*
Libia *Libyen*
libre *frei*
librería *Buchhandlung,* **- de segunda mano** *Antiquariat*
librero *Buchhändler*
libreta de ahorro *Sparbuch*
libro *Buch,* **- de reclamaciones** *Beschwerdebuch*
liebre (la) *Hase*
ligar ⟨ ⟩ *anbändeln*
lima de uñas *Nagelfeile*
límite (el) de velocidad *Geschwindigkeitsbegrenzung*
limón (el) *Zitrone*
limonada *Limonade*
limpiar *saubermachen*
líquido/a *flüssig, Flüssigkeit*
lista de precios *Preisliste* **57**
listo/a *schlau, bereit*
litera *Liegewagen*
literatura *Literatur*
litro *Liter*
lo siento *tut mir leid* **57**
loco/a *verrückt, Verrückte / r*
locura *Verrücktheit*
locutor (el) *Radiosprecher*
lomo *Filetschnitzel*
Londres *London*
lucha *Kampf*
luchar *kämpfen*
luego *später* **17**
lugar (el) *Ort,* **- de nacimiento** *Geburtsort,* **en - de** *anstelle von*
luna *Mond*
lunes (el) *Montag*
luxación (la) *Verrenkung*
luz (la) *Licht, Strom*

LL

llamar *rufen, anrufen,* **- la atención (la)** *die Aufmerksamkeit erregen*
llamarse *heißen* **21**
llave *Schlüssel* **37, - de la luz** *Lichtschalter*
llegada *Ankunft*
llegar *ankommen* **45**
lleno *voll*
llevar *bringen, führen,* **- dinero** *Geld bei sich haben,* **-se** *mitnehmen,* **-se bien/mal** *gut / schlecht miteinander auskommen*
llover *regnen*
lluvia *Regen*

M

macedonia *Obstsalat*
madalenas *Biskuitteilchen*
madera *Holz*
madre (la) *Mutter*
maestro *Meister*
mafia *Mafia*
magro *mager*
mal *schlecht*
malaria *Malaria*
maldito *verdammt*
maleta *Koffer*
maletero *Kofferraum*
malo/a *schlecht, übel*
mamá *Mama, Mutti*
mandar *schicken*
mandíbula *Kiefer*
manera *Art und Weise,* **de todas -** *jedenfalls*
manga *Ärmel*
manifestación (la) *Demonstration, Kundgebung*
mano *Hand* **101**
mantel (el) *Tischtuch*
mantequilla *Butter* **57**
manzana *Apfel*
manzanilla *Kamillen(tee)*
mañana *morgen* **17**
- noche *morgen abend,*
- por la mañana *morgen früh*
mapa (el) *Land-, Straßenkarte*
máquina *Maschine* **97,**
- de afeitar *Rasierapparat*
mar *Meer*
maravilla *Wunder*

maravilloso/a *wunderbar*
marca *Marke*
marcar (el número) *wählen*
marcha *Gang*
marcharse *weggehen, -ziehen*
marco *Mark,* **- alemán** *Deutschmark*
mareado *sich übel fühlen, seekrank*
marearse *übel werden*
mareos (los) *Übelkeit*
marido *Ehemann* **97**
marinero *Matrose, Seemann*
mariscos (los) *Meeresfrüchte*
marrón *braun*
marroquí *marokkanisch*
Marruecos *Marokko*
martes (el) *Dienstag*
martillo *Hammer*
marzo *März*
más *mehr,* **- bien** *eher,* **- de** *mehr als,* **- despacio** *langsamer,* **- o menos** *mehr oder weniger*
masa *Masse, Menge*
masaje (el) *Massage*
masajista (el) *Masseur*
matar *umbringen,* **- el tiempo** *die Zeit totschlagen*
matemáticas (las) *Mathematik*
matemático *Mathematiker*
materia *Studienfach*
matrícula *Einschreibung*
matrimonio *Ehepaar,*
matrimonial *Ehe-* **37**
mayo *Mai*
mayor (el, la) *größer, der größere, die größere*
mayoría *Mehrheit*
me cachis 〈 〉 *verdammt*
me gusta *gefällt mir* **85**
me gustaría *ich hätte / würde gerne*
mear(se) *in die Hose machen, pinkeln*
mecánico *Mechaniker* **97**
media *Strumpf*
medianoche (la) *Mitternacht*
medicina *Medizin*
médico *Arzt*
medina *arabische Altstadt*
medio *Mittel,* **- ambiente** *Umwelt*
medio/a *halb* **25**
mediodía *Mittag*
medir *messen*
Mediterráneo *Mittelmeer*
mejicano *mexikanisch*
Méjico *Mexiko*
mejillón (el) *Muschel*
mejor *besser* **37**
mejorar *bessern*
melocotón (el) *Pfirsich,* **- en almíbar** *Pfirsich in Sirup*
melón (el) *Melone*
memoria *Gedächtnis, Erinnerung*
menor *1. weniger* **25** *2. nicht Volljährige / r,* **por lo -** *wenigstens*
mensajero *Bote*
menstruación (la) *Menstruation*
mensual *monatlich*
mentir *(an-, be)lügen*
mentira *Lüge*
menú *Menü, Speisekarte*
mercadillo *Wochenmarkt*
mercado *Markt*
merecer la pena *die Mühe lohnen*
merienda *Vesper, Zwischenmahlzeit*
merluza *Seehecht*
mermelada *Marmelade*
mes (el) *Monat*
mesa *Tisch*
metálico (en -) *in bar*
meter *setzen, stellen, legen,* **- la pata** *ins Fettnäpfchen treten*
metro *1. U-Bahn 2. Meter*
mezcla *Mischung*
mezquita *Moschee*
mi *mein / e*
mí *mir*
miedo *Angst*
miembro *Mitglied*
mientras *während*
miércoles (el) *Mittwoch*
mierda 〈**!**〉 *Scheiße*
mil *Tausend* **37**
Milán *Mailand*
mili (la) *Militärdienst*
militar (el) *militärisch, Soldat*
minero *Bergmann*
minifalda *Minirock*
mínimo *Minimum*
minuto *Minute*
mío/a *mein*
mirar *(an)sehen, (an)schauen*
misa *religiöse Messe*
miseria *Elend*
mismo/a *selbst, gleich*
mitad (la) *Hälfte*
moda *Mode,* **de -** *«in»*
modelo (la) *Mannequin*
modista (el/la) *Damenschneider / in*
modos, de todos - *auf alle Fälle*
mojar *befeuchten, naß machen*
mojarse *naß werden*
molestar *stören*
momento *Moment* **37**
monasterio *Kloster*
moneda *Münze*
monedero *Brieftasche*
mono (el) *1. Affe 2. Koller*
mono/a *hübsch, niedlich*
monstruo *Monster*
montaña *Gebirge*
montañismo *Bergsteigen*
montar *1. steigen 2. Geschäft aufmachen,* **- en bicicleta** *radfahren*
montón de (el) *Haufen*
monumento *Sehenswürdigkeit*
morder *beißen*
morena/o *braun*
morir *sterben*
mosca *Fliege*
mosquito *(Stech-)Mücke*
mostaza *Senf*
mostrar *zeigen*
moto *Motorrad*
motor (el) *Motor*

mover *bewegen*
moverse *sich bewegen, sich umschauen*
muchacho/a *der junge Mann / das junge Mädchen*
muchas gracias *vielen Dank* **17**
muchas veces *oft*
muchísimo/a *sehr, sehr viel* **65**
mucho *viel* **65, hace -** *vor langem*
mueble *Möbel*
muelle (el) *Mole*
muerte (la) *Tod*
muerto/a *tot*
mujer (la) *Frau*
multicine (el) *Minikino*
multinacional (la) *Multi*
mundo *Welt* **105**
muro *Mauer, Wall*
músculo *Muskel*
música *Musik*
muslo *Schenkel*
muy *sehr* **17**

N

nacer *geboren werden*
nacimiento *Geburt*
nacionalidad (la) *Staatsangehörigkeit*
nada *nichts 2,* **de -** *keine Ursache*
nadar *schwimmen*
nadie *niemand*
naranja *Orange* **65**
nariz *Nase*
nata *Sahne*
natación (la) *Schwimmen*
naturaleza *Natur*
náusea *Übelkeit*
Navidad (la) *Weihnachten*
necesario/a *nötig, notwendig*
necesitar *brauchen* **81**
negocio *Geschäft*
negro *dunkel, schwarz*
nervio *Nerv*
nervioso *nervös*
neumático *Reifen*
nevar *schneien*
nevera *Kühlschrank*
ni ... ni ... *weder ... noch ...*
niebla *Nebel*
nieve (la) *Schnee*
ningún/ninguna *kein / e*
ninguna forma, de - *auf keinen Fall*
ninguna parte *nirgendwo*
niño *Kind* **97, - bien** *Kind aus "besserem" Hause*
nivel (el) *Niveau*
no *nein* **17**
noche (la) *Nacht* **17, de -** *nachts,* **por la -** *am späten Abend, nachts*
nombrar *benennen*
nombre (el) *Namen* **21**
- de pila (el) *Vorname,* **- de soltera** *Geburtsname, Mädchenname*
nórdico *nordisch*
norma *Bestimmung, Norm*
normal *normal* **101**
normalmente *normalerweise*
norte (el) *Norden*
Noruega *Norwegen*
nos *uns (Dativ und Akkusativ)*
nosotros *wir*
notar *bemerken*
notario *Notar*
novela *Roman*
noviembre (el) *November*
novio *Bräutigam, Freund*
nube (la) *Wolke*
nublado *bewölkt*
nuboso *wolkig*
nuclear *nuklear, Kern-..., Atom-...*
nudo *Knoten*
nuestro/a *unser*
nuevamente *wieder*
nuevo/a *neu*
número *Nummer* **25**
nunca *nie*

O

o *oder* **37, o ... o** *entweder ... oder,* **o sea** *das heißt*
obedecer *gehorchen*
obligar *1. zwingen 2. verpflichten*
obligatorio/a *obligatorisch,*
obra *Werk, Baustelle*
obrero *Arbeiter*
octubre (el) *Oktober*
ocupar *besetzen*
ocurrir *geschehen*
oeste (el) *Westen*
oferta *Angebot*
oficina *Büro, Amt* **21, - de correos** *Postamt,* **- de teléfonos** *Fernsprechamt*
oficio *Beruf*
ofrecer *anbieten*
oído *Gehör*
oiga *hören Sie* **57**
oír *hören*
ojalá *hoffentlich*
oler *riechen*
olor (el) *Geruch*
olvidar *vergessen*
ópera *Oper*
operación (la) *Operation*
opinar *meinen*
oportar *ertragen*
oportunidad (la) *Gelegenheit*
oposición (la) *Opposition*
óptico *Optiker*
orden (el) *Ordnung*
orden (la) *Befehl*
ordenador (el) *Computer*
oreja *Ohr*
organización (la) *Organisation*
organizar *organisieren, veranstalten*
oriental (el) *orientalisch, Orientale*
original (el) *originell, echt, Original*
orilla *Ufer*
orina *Urin*
oro *Gold*
orquesta *Orchester*
os *euch (Dativ und Akkusativ)*
oscuro/a *dunkel*
ostra *Auster*
otoño *Herbst*

otra vez *wieder*
otro sitio *anderswo*
oyente (el) *Zuhörer*

P

paciencia *Geduld*
padre (el) *Vater*
padres (los) *Eltern*
paella *Paella*
pagar *zahlen*
página *Seite*
pago *Zahlung*
país (el) *Land* **105**
paisaje (el) *Landschaft*
Países Bajos *Niederlande*
pájaro *Vogel*
palabra *Wort*
palacio *Palast*
paloma *Taube*
palpitaciones (las) *Herzklopfen*
pan (el) *Brot* **57, - integral** *Vollkornbrot*
panadería *Bäckerei* **77**
panadero *Bäcker* **77**
panecillo *Brötchen*
pantalla *Bildschirm, Leinwand*
pantalón (el) *Hose* **81**
panty (el) *Strumpfhose*
paño higiénico *Damenbinde*
pañuelo *Taschentuch*
papá *Papa, Vati*
papel (el) *Papier,* **- higiénico** *Klopapier,* **-es del coche** *Autopapiere,* **-es del seguro** *Versicherungspapiere*
papelería *Schreibwarenladen*
paquete (el) *Karton, Päckchen*
para *für* **37, - eso** *dafür,* **- que** *um zu,* **- qué** *wozu*
parada *Haltestelle*
paraguas (el) *Regenschirm*
paraíso *Paradies*
parálisis (la) *Lähmung*
parar *anhalten* **45**
parecer *scheinen*
pared (la) *Wand*
pareja *Pärchen*
paro *Arbeitslosigkeit*
parque (el) *Park*
parte (la) *Teil, Anteil,* **en ninguna -** *nirgends*
partida *1. Partie, Spiel 2. Aufbruch*
partido *Partei*
partir la cara *verdreschen*
partir, a - de *ab*
pasado *passiert*
pasaje (el) *Ticket*
pasaporte (el) *Paß* **25**
pasar *durchgehen*
paseo *Spaziergang*
pasillo *Flur*
pasión (la) *Leidenschaft, Passion*
paso *1. Durchfahrt 2. Schritt,* **de -** *im Vorübergehen*
pasta *Teig,* **- de dientes** *Zahnpasta*
pastel (el) *Süßigkeit*
pastelería *Konditorei*
pastelero *Konditor*
pastilla *Tablette*
patatas *Kartoffeln,* **patatas fritas** *Pommes frites*
patético *pathetisch*
patín (el) *Tretboot*
patinar *eislaufen*
patio *Hof*
patria *Vaterland, Heimat(land)*
patrón (el) *Chef*
paz (la) *Friede*
peaje (el) *Mautstelle*
peatón (el) *Fußgänger*
pecho *Brust*
pedir *bitten, verlangen*
pegar *1. schlagen 2. (auf-, an)kleben*
peinado *Frisur*
peinar *kämmen*
peine (el) *Kamm*
pelea *Kampf, Streit, Rauferei*
película *Film*
peligro *Gefahr*
peligroso *gefährlich*
pelo *Haar*
peluca *Perücke*
peluquería *Friseursalon*
peluquero *Friseur*
pena *Leid*
península *Halbinsel*
pensamiento *Gedanke, Denken*
pensar *denken*
pensión (la) *Pension*
peor *schlimmer*
pepino *Gurke*
pequeño *klein*
pera *Birne*
perder *verlieren*
pérdida *Verlust*
perdido *verloren*
perdón (el) *Entschuldigung*
perdonar *entschuldigen*
perdone *entschuldigen Sie*
perejil (el) *Petersilie*
perfectamente *perfekt*
perfume (el) *Parfüm*
periódico *Zeitung*
periodista (el) *Journalist*
permanente *dauernd*
permanente (la) *Dauerwelle*
permiso *Erlaubnis,* **- de conducir** *Fahrerlaubnis, Führerschein*
permitir *erlauben*
pero *aber*
perro *Hund*
persona *Person* **37**
personal (el) *Personal, Belegschaft*
personalmente *persönlich*
perspectiva *Aussicht, Perspektive*
pertenecer *gehören*
Perú (el) *Peru*
pesado *schwer*
pesar *wiegen*
pesca *Fischerei, Fischen, Angeln*
pescadería *Fischgeschäft*
pescado *Fisch* **61**
pescador (el) *Fischer*
pescar *fischen, angeln*
peseta *Pesete* **45**

pésimo *schlechtest*
peso *Gewicht*
pez (el) *Fisch*
piano *Klavier*
picante *pikant, scharf*
picar *stechen*
picarse *jucken*
pie (el) *Fuß*
piel (la) *Haut*
pierna *Bein*
pieza *Stück, Teil*
pijama (el) *Pyjama*
pila *1. Batterie 2. ein Haufen ...*
pilar *Säule*
píldora anticonceptiva *Antibabypillen*
piloto *Pilot*
pimentón (el) *Paprikapulver*
pimienta *Pfeffer*
pimiento *Paprika*
pingüino *Pinguin*
pintar *malen*
pintor (el) *Maler*
piña *Ananas*
pipa *Sonnenblumenkern*
Pirineos (los) *Pyrenäen*
pisar *treten*
piscina *Schwimmbad*
piso *Wohnung, Etage* **81, - compartido** *Wohngemeinschaft*
pista de tennis *Tennisplatz*
pistola *Pistole*
pizarra *Tafel*
plan (el) *Plan*
planchar *bügeln*
plano de la ciudad (el) *Stadtplan*
planta *1. Ebene, Stock (-werk) 2. Pflanze 3. Fußsohle,* **- baja** *Erdgeschoß*
plantearse *sich vornehmen*
plata *Silber, Geld*
plátano *Banane*
plato *Teller, Gang* **65, - combinado** *Essen (alles auf einem Teller, außer Nachtisch),* **- del día** *Tagesgericht* **61,**
plato fuerte *Hauptgang*
playa *Strand* **105**
plaza *Platz,* **- de toros** *Stierkampfarena*
pleno *voll*
plomo *Blei*
pluma *1. Feder 2. Schreibfeder, Füllfederhalter*
plural (el) *Plural*
pobre (el) *arm, der arme Teufel*
pobreza *Armut*
poco *wenig* **41, por -** *fast, beinahe*
poder *1. können 2. Macht*
poeta (el) *Dichter*
policía *Polizei*
política *Politik*
político/a *politisch, Politiker / in*
pollo *Huhn* **61, - asado** *Brathähnchen*
polvo *Staub*
pomada *Salbe*
poner *setzen, stellen, legen* **77, - con** *verbinden mit,* **- la mesa** *Tisch decken,*
ponerse de acuerdo *sich einigen,* **- en contacto con** *Kontakt aufnehmen,* **- moreno/a** *braun werden,* **- ropa** *sich ankleiden*
popular *populär*
poquito *ein bißchen* **77, - a poco** *nach und nach*
por *durch,* **- eso** *deswegen* **105, - favor** *bitte* **21, - fin** *endlich,* **- supuesto** *selbstverständlich* **77, - una parte ... por otra parte** *einerseits ... andererseits*
porque *weil*
portada *Titelblatt*
portamaletas (el) *Kofferraum*
portarse bien *sich ordentlich benehmen*
portería *Fußballtor*
portero *der Mann an der Rezeption, Hausmeister, Torwart*
Portugal *Portugal*
portugués (el) *portugiesisch, Portugiese*
porvenir *Zukunft*
posible *möglich*
posición (la) *Position, Lage, Stellung*
postal (la) *Postkarte*
postre (el) *Nachtisch* **65**
potaje (el) *Suppeneintopf*
practicar *1. praktizieren, ausüben, betreiben 2. üben*
precaución (la) *Vorsicht*
precio *Preis*
precipitaciones (las) *Niederschlag*
precisamente *genau*
preferir *vorziehen*
prefijo *Vorwahl*
pregunta *Frage*
preguntar *fragen* **81**
prensa *Presse*
preocupación (la) *Sorge*
preocuparse *sich sorgen, sich kümmern um* **101**
preparar *vorbereiten*
preparativo *Vorbereitung*
presencia *Präsenz, Anwesenheit, Gegenwart*
presentarse *sich vorstellen*
presente *anwesend, gegenwärtig*
preservativo *Präservativ*
presión (la) *Druck,* **- atmosférica** *Luftdruck,* **- de la sangre** *Blutdruck*
prestar *leihen*
presupuesto *1. Etat (Haushaltsgeld) 2. Kostenvoranschlag*
primavera *Frühling*
primer/a *erste / r* **41**
primera hora *frühmorgens*
primera, de - *erstklassig*
primeramente *zuerst*
primero *zuerst*

primitiva *6-aus-49-Lotterie*
principal *hauptsächlich*
príncipe (el) *Prinz*
principiante (el, la) *Anfänger / in*
principio *Anfang*
prisa *Eile*
prisión (la) *Gefängnis*
probador (el) *Anprobekabine*
probar *an-, probieren*
problema (el) *Problem* **105, no hay -** *kein Problem*
producción (la) *Produktion*
producir *produzieren*
producto *Produkt, Erzeugnis*
profesión (la) *Beruf*
profesional (el) *Profi, professionell*
profesor (el) *Lehrer* **21**
programa (el) *(Computer-)Programm*
progreso *Fortschritt*
prohibido *verboten*
prohibir *verbieten*
prometer *versprechen*
pronto *bald,* **de -** *plötzlich*
propaganda *Werbung, Reklame, Propaganda*
propia *eigen*
propiedad (la) *Eigentum*
propietario *Eigentümer*
propina *Trinkgeld*
proponerse *sich vornehmen, planen*
proporcionar *besorgen*
propósito, a - *übrigens, apropos*
prostitución (la) *Prostitution*
prostituta *Prostituierte*
proteger *schützen*
protestante *Protestant*
protestar *protestieren*
provincia *Provinz*
provocar *provozieren*
próximo/a *nächste(r, s), Nächster*
prueba *Beweis*
psicología *Psychologie*
pub (el) *Edelkneipe*
publicidad (la) *Werbung*
público *öffentlich*
puchero *Eintopf*
pueblo *Dorf*
puede ser *möglich, kann sein* **77**
puente (el) *Brücke*
puerros *Lauch*
puerta *Tür*
puerto *Hafen*
pues *dann*
puesto de trabajo *Arbeitsplatz*
pulpo *Tintenfisch*
punto *Punkt,* **- de vista** *Gesichtspunkt,* **en -** *Punkt ... Uhr* **25, hacer -** *stricken*
puro (el) *1. rein 2. Zigarre*
pus (el) *Eiter*
puta ⟨ ⟩ *Hure*
puta madre ⟨!⟩, de - *bärenstark, affengeil*

Q

que *daß*
qué *was,* **- hay** *hallo,* **- pasa** *hallo,* **- tal** *hallo, wie geht's* **17**
quedar *bleiben, übrig sein* **85, - con/en** *sich verabreden mit / verbleiben*
quejarse *sich beschweren, sich beklagen*
quemado/a *angebrannt*
quemadura *Verbrennung*
quemar *verbrennen*
querer *wollen, lieben* **37**
queso *Käse* **61**
quién *wer*
química *Chemie*
quinientas *fünfhundert*
quinto *fünfter*
quitar *wegnehmen, -gehen, ausmachen*

R

R.F.A. (República Federal de Alemania) *Bundesrepublik Deutschland*
rabo *Schwanz*
ración (la) *Portion*
radio *Radio*
radioactivo *radioaktiv*
radiografía *Röntgenbild*
rallado/a *gerieben*
rama *Zweig*
ramo *Ast*
rapidísimo *sehr schnell*
rápido *1. schnell 2. Schnellzug*
raqueta *Sportschläger*
raro/a *seltsam*
rato *Weile*
ratón (el) *Maus*
rayo *Strahl, Blitz(strahl)*
raza *Rasse*
razón (la) *Grund, Verstand*
real *real, wirklich*
realidad *Realität, Wirklichkeit*
rebaja *Ermäßigung, (Preis-)Nachlaß*
rebanada *Brotscheibe*
recado *1. Nachricht, Bescheid 2. Auftrag, Bestellung*
recepción (la) *Rezeption, Anmeldung*
receptor (el) *Hörer*
receta *Rezept*
recetar *verschreiben*
recibir *erhalten*
recibo *Quittung*
recién *neu, frisch, soeben erst*
recital (el) *Konzert*
reclamación (la) *Reklamation, Beanstandung, Beschwerde*
reclamar *reklamieren, beanstanden*
recoger *aufsammeln*
recogida *Leerung*
recomendar *empfehlen*

reconocer *erkennen*
recordar *sich erinnern (an)*
recorrer *bereisen*
recorrido *Rundfahrt*
recuerdo *Erinnerung, Souvenir*
red *Netz*
reducción (la) *Ermäßigung*
reducir *1. herabsetzen, vermindern 2. beschränken, begrenzen*
referirse *sich beziehen auf*
reforma *Reform*
refresco *Erfrischungsgetränk*
regalar *schenken*
regalo *Geschenk* **81**
regatear *handeln*
régimen (el) *1. Regime, Regierungsform 2. Diät*
región (la) *Region, Gebiet, Gegend*
regresar *zurückkehren*
regreso *Rückkehr*
regular *regelmäßig*
reina *Königin*
reír(se) *lachen*
relación (la) *Verhältnis*
relajante *beruhigend*
religión (la) *Religion*
relleno/a *gefüllt, die Füllung*
reloj (el) *Uhr*
remedio *Mittel*
remitente (el) *Absender*
RENFE (la) *spanische Eisenbahn*
reparación (la) *Reparatur* **97**
reparar *reparieren*
repartir *verteilen*
repetir *wiederholen*
reportaje (el) *Reportage, Bericht*
república *Republik*
reserva *1. Reservierung 2. Auslese*
reservar *reservieren*
resfriado *Erkältung*
resguardo *Quittung*
residencia *Gästehaus*
resolver *lösen*
respeto *Respekt*
respirar *atmen*
responder *antworten*
responsable (el) *verantwortlich, Verantwortlicher*
respuesta *Antwort*
restaurant (el) *Restaurant*
resto *Rest* **65**
resultado *Ergebnis, Resultat*
retirar *zurücknehmen, abheben*
retraso *Verspätung*
reuma (el) *Rheuma*
reunión (la) *Versammlung, Treffen, Sitzung*
reunirse *sich treffen*
revisor (el) *Kontrolleur*
revista *Zeitschrift*
revolución (la) *Revolution*
rey (el) *König*
rico/a *1. reich 2. schmackhaft*
ridículo/a *lächerlich*
riesgo, a todo - *Vollkasko*
riñón (el) *Niere*
río *Fluß*
riqueza *Reichtum*
rizo *Locke*
robar *stehlen*
robo *Raub, Diebstahl*
roca *Felsen*
rodaja *Wurstscheibe*
rodilla *Knie*
rojo/a *rot*
rollo *Kram, Ding*
romper *kaputtmachen, zerbrechen*
ronco *heiser*
ronda *Ringstraße*
ropa *Kleidung*
roto/a *kaputt* **101**
rotulador (el) *Stift*
rubio *1. blond, 2. hell (Bier, Tabak)*
rueda *Rad*
ruido *Lärm*
Rusia *Rußland*
ruso *russisch*

S

sábado (el) *Samstag*
sábana *(Bett-)Laken*
saber *wissen*
sabor (el) *Geschmack*
sabroso/a *schmackhaft*
sacacorchos (el) *Korkenzieher*
sacar *ziehen,* **- el billete** *Fahrkarte lösen*
saco *Sack, Seesack*
sal (la) *Salz*
sala de espera *Wartesaal*
salario *Lohn*
salchicha *Würstchen*
salida *Ausgang, Abfahrt, Ausfahrt,* **- de emergencia** *Notausgang*
salir *ausgehen, rausgehen,* **- del puerto** *auslaufen (Schiff),* **- por (+ Preis)** *kosten* **41**
salmón (el) *Lachs*
salmonete (el) *Meerbarbe*
salón (el) *Wohnzimmer*
salsa *Sauce*
saltar *springen*
salud (la) *Gesundheit*
saludar *grüßen*
saludo *Gruß*
salvar *retten*
sangrar *bluten*
sangre (la) *Blut*
sangría *Sangria*
sano/a *gesund*
sarampión (el) *Masern*
sardina *Sardine*
sartén (la) *Bratpfanne*
sastre (el) *Herrenschneider*
satisfacer *zufriedenstellen, befriedigen*
sazonar *würzen*
sé *ich weiß* **81**
secador (el) *Fön, Trockner*
secar *trocknen*
sección (la) de señora *Damenabteilung* **81**
seco/a *trocken*
secreto/a *geheim*
secuestrar *entführen*

seda *Seide*
seguida, en - *sofort*
seguir *folgen*
según *gemäß, nach*
segundo/a *zweite / r* **41**
seguramente *sicher*
seguridad (la) *Sicherheit,* **- social** *soziale Versicherung*
seguro *Versicherung*
seguro/a *sicher*
sello *Briefmarke* **85**
semáforo *Ampel*
semana *Woche,* **- santa** *Karwoche,* **por -** *pro Woche* **2**
semanario *Wochenendbeilage*
semanas, hace tres - *vor drei Wochen*
semi-seco *halbtrocken*
sencillo *einfach, schlicht*
sensación (la) *Empfindung*
sentarse en *sich setzen*
sentido *1. Sinn (Tast-, Geruchs-...) 2. Bedeutung 3. Richtung*
sentimiento *Gefühl*
sentir *fühlen*
señal *Zeichen,* **- de tráfico** *Verkehrszeichen*
señas (las) *Adresse*
señor (el) *Herr* **21**
señora *Dame* **81**
señorita *Fräulein* **81**
septiembre (el) *September*
ser *sein*
serio, en - *ernsthaft*
servicio *1. Dienst 2. Toilette* **81, - de remolque** *Abschleppdienst,* **- médico urgente** *notärztlicher Dienst*
servilleta *Serviette*
servir *servieren*
seta *Pilz*
setecientas *siebenhundert*
setenta *siebzig*
sexo *Geschlecht*
sexto *sechster*
si *falls* **105, si no** *andernfalls*
sí *ja* **21**
sicólogo *Psychologe*
sido *gewesen*
siempre *immer*
sierra *Gebirge*
siesta *Mittagsschläfchen*
siglo *Jahrhundert*
significar *bedeuten*
siguiente *folgend, nächste*
silencio *Stille*
silla *Stuhl*
sillón (el) *Sessel*
simpático/a *sympathisch*
simplemente *einfach*
sin *ohne* **45, - embargo** *dennoch*
sinagoga *Synagoge*
sincero/a *ehrlich, wahrhaftig, aufrichtig*
sindicato *Gewerkschaft*
síntoma (el) *Symptom*
sinvergüenza (el) *unverschämter Lümmel*
siquiatra (el) *Psychiater*
sistema (el) *System*
sitio *Ort, Platz*
situación (la) *Situation*
sobra, de - *im Überfluß*
sobre *über, auf*
sobre (el) *Briefumschlag*
sobrino *Neffe*
social *sozial, gesellschaftlich*
socialismo *Sozialismus*
socialista (el) *sozialistisch, Sozialist*
sociedad (la) *Gesellschaft*
socio *Mitglied, Teilhaber*
socorro *Hilfe*
soda *Soda*
sofá *Couch, Sofa*
sol (el) *Sonne*
solamente *nur, bloß*
solario *Sonnenbank*
soldado *Soldat*
soler hacer *zu tun pflegen*
sólo *nur*
solo/a *allein* **105**
solomillo *Filetstück*
soltar *loslassen*
soltero/a *ledig, Ledige / r*
solución (la) *Lösung*
solucionar *lösen*
sombra *Schatten*
sombrero *Hut*
sombrilla *Sonnenschirm*
somnífero *Schlafmittel*
sonar *klingeln*
sonido *Ton, Klang*
sonreír *(an)lächeln*
soñar *träumen*
sopa *Suppe* **65**
sorpresa *Überraschung*
soso/a *lau*
sospecha *Verdacht*
sótano *Keller* **81**
spray (el) *Spray*
su *sein, ihr, Ihr* **37**
subida *Aufstieg*
subir *einsteigen, hochgehen*
subsidio *Sozialhilfe*
suceder *1. geschehen, passieren 2. folgen*
sucio/a *schmutzig, dreckig*
sucursal (la) *Filiale*
sudar *schwitzen*
sudor (el) *Schweiß*
Suecia *Schweden*
suegro/a *Schwiegervater, -mutter*
suegros (los) *Schwiegereltern*
suela *Sohle*
sueldo *Gehalt*
suelo *Boden*
suerte (la) *Glück*
suficiente *genügend, ausreichend*
sufrir *(er)leiden*
Suiza *Schweiz*
suizo/a *schweizerisch, Schweizer*
sujetador (el) *Büstenhalter*
suma *Summe, Betrag*
superar *überwinden*
superficie (la) *Oberfläche*
superior *obere(-r,-s), Ober...*

supermercado *Supermarkt*
suplemento *Zusatz, Zuschlag*
supositorio *Zäpfchen*
sur (el) *Süden*
sustantivo *Substantiv*
sustituir *ersetzen*
susto *Schreck*
suyo/a *sein, ihr, Ihr*

T

tabaco *Tabak*
tabla de surf *Surfbrett*
tablero *Schwarzes Brett*
tablón (el) *Schwarzes Brett*
tacita *Täßchen*
taco *Schimpfwort*
tajada *Fleischscheibe*
tal *so,* **- vez** *vielleicht* **85**
talla *Größe* **85**
taller *Werkstatt,* **- de coches** *Reparaturwerkstatt*
tamaño *Größe, Format*
también *auch* **101**
tampoco *auch nicht*
tampón *Tampon*
tan *so*
tanto/a *soviel / e* **57**
tapa *Ibero-Snack, Häppchen* **61**
tapar *be-, zudecken*
taquilla *Schalter*
tardar *brauchen bis*
tarde *spät* **45**
tarde (la) *Nachmittag*
tarifa *Tarif*
tarjeta *Karte* **85, - de crédito** *Kreditkarte*
tarta helada *Eistorte*
taxi (el) *Taxi* **41**
taxímetro *Zähluhr im Taxi*
taza *Tasse*
té (el) *Tee* **57**
teatro *Theater*
tebeo *Comic*
techo *Decke, Dach*
teclado *Tastatur*
técnica *Technik*
técnico/a *technisch*
tejado *Dach*
tele (la) *Fernsehen*
telediario *Tagesschau*
telefonear *telefonieren*
teléfono (público) *Telefon (öffentlich)* **25**
telegrama (el) *Telegramm*
televisión (la) *Fernsehen*
tema *Thema*
temblar *zittern*
temer *fürchten*
temperatura *Temperatur*
tempestad (la) *Unwetter*
templado *mäßig warm*
temporada *1. Saison 2. Zeitraum*
temprano *früh*
tenedor (el) *Gabel*
tener *haben* **37, - en cuenta** *berücksichtigen,* **- fondos** *gedeckt sein (Scheck),* **- que** *müssen*
tenis (el) *Tennis*
tensión (la) *Blutdruck*
tercer /-a *dritte / r*
Tercer Mundo (el) *Dritte Welt*
terminado *beendet, fertig*
terminar *beenden, aufhören zu*
termómetro *Thermometer*
ternera *Kalbfleisch*
terraza *Terrasse*
terreno *Gelände, Grundstück*
terrible *schrecklich*
terror (el) *Terror, Schrecken*
terrorismo *Terrorismus*
terrorista *terroristisch, Terrorist*
tesoro *Schatz*
testigo *Zeuge*
tétano *Tetanus*
tetera *Teekanne*
texto *Text*
ticket (el) *Ticket*
tiempo *Zeit*
tiempo, a - *rechtzeitig*
tienda *Geschäft,* **- de campaña** *Zelt,* **- de comestibles** *Lebensmittelgeschäft*
tierno *zart*
tierra *Erde, Land,* **- del Fuego** *Feuerland*
tifus (el) *Typhus*
tijeras (las) *Schere*
timbre (el) *(Tür-)Klingel*
tímido *schüchtern*
tímpano *Trommelfell*
tinta *Tinte*
tintorería *Reinigung*
tío *1. Onkel 2. Kerl, Typ*
típico/a *typisch*
tipo *Typ*
tirar *werfen, schießen*
tirita *Pflaster*
tiro *Schuß*
título *1. Titel 2. Überschrift*
toalla *Handtuch*
tobillo *Knöchel*
tocar *spielen*
tocarle a uno/a *an der Reihe sein*
todavía *noch*
todo, todo/a *alles, ganz* **77, - derecho** *geradeaus,* **- el mundo** *jedermann, die ganze Welt,* **- tipo de** *alle Arten von,* **todos/todas** *alle,* **todos los días** *alle Tage*
tolerante *tolerant*
tomar *nehmen* **65, - el pelo** *auf den Arm nehmen, verscheißern*
tomate (el) *Tomate*
tono *Ton*
tonterías *Dummheiten*
tonto/a *dumm*
tope 〈 〉**, a -** *rammelvoll, voll eingedeckt*
torcer *abbiegen*
tormenta *Gewitter*
tornillo *Schraube*
toro *Stier*
torre (la) *Turm*
tortilla *Omelette, Eierkuchen*
tos (la) *Husten*
tostada *Toast* **57**
tostado *geröstet*
total *kurz gesagt*
totalmente *völlig, vollständig*

trabajador (el) *fleißig, Arbeiter*
trabajar *arbeiten* **21**
trabajo *Arbeit* **105**
tradición (la) *Tradition*
traducir *übersetzen*
traductor (el) *Übersetzer*
traer *bringen*
tráfico *Verkehr*
tragaperras (el) *Spielautomat*
traje (el) *Anzug*
traje de baño (el) *Badeanzug*
trampas *Schulden*
tranquilamente *ruhig*
tranquilizante (el) *Beruhigungsmittel*
tranquilo/a *ruhig*
transfusión de sangre (la) *Bluttransfusion*
transistor (el) *Kofferradio*
transporte (el) *Transportmittel*
tranvía (el) *Vorortzug*
trapo *Lappen*
tras *hinter, nach*
traslado *Transfer*
tratamiento médico *ärztliche Behandlung*
tratar *behandeln*
tratar de *versuchen zu*
tremendo/a *fürchterlich*
tren (el) *Zug* **41, - de cercanías** *Nahverkehrszug,* **- de largo recorrido** *Fernzug,* **- directo** *Eilzug,* **- expreso** *Schnellzug*
tres *drei* **1, - cuartos** *drei Viertel*
tribunal (el) *Gericht*
tripulación (la) *Besatzung, Mannschaft*
triste *traurig*
tropezar *stolpern, stoßen...auf, treffen*
trozo *Stück*
trucha *Forelle*
trueno *Donner*
tu *dein*
tú *du* **21**
tubo de escape *Auspuff*
tumba *Grab*
tumor (el) *Geschwulst*
túnel (el) *Tunnel*
turco/a *türkisch, Türke*
turismo *Tourismus*
turista (el) *Tourist*
turístico *touristisch*
turno *Reihe, Schicht*
Turquía *Türkei*
tuyo/a *dein*

U

úlcera *Geschwür*
últimamente *in letzter Zeit*
último/a *letzte / r*
un *ein* **37**
una *eine*
unas *einige*
únicamente *einzig, allein, bloß*
único *einmalig*
unidad (la) *Einheit*
universidad (la) *Universität*
unos/unas *einige*
urgencia *Dringlichkeit, Erste Hilfe*
urgente *dringend*
usar *gebrauchen, benützen, verwenden*
uso *Gebrauch, Verwendung*
usted *Sie* **65**
útil *nützlich*
utilizar *gebrauchen*
uva *Traube*

V

vaca *Kuh*
vacaciones (las) *Urlaub, Ferien*
vaciar *leeren*
vacío *leer*
vacunar *impfen*
vagabundo *Vagabund*
vago/a *faul*
vagón restaurante (el) *Speisewagen*
vainilla *Vanille*
vale *okay* **37,** *in Ordnung, gebongt*
valer *wert sein, kosten* **37**
válido/a *gültig*
valiente *mutig, tapfer*
valle (el) *Tal*
válvula *Ventil*
vamos *gehen wir*
vanguardia *Avantgarde*
vapor (el) *Dampf*
vaqueros (los) *Bluejeans*
variar *abwechseln*
vasco/a *baskisch, Baske*
vaso *Glas* **61**
veces, a - *manchmal*
vecino/a *Nachbar*
vegetariano/a *Vegetarier*
vejez (la) *hohes Alter*
vejiga *Blase*
ven *komm*
vena *Ader*
vencer *(be)siegen*
vendar *verbinden (med.)*
vender *verkaufen*
venezolano *venezolanisch*
Venezuela *Venezuela*
venga *kommen Sie, komm schon, Mann*
venido *gekommen*
venir *kommen* **97**
venta *Verkauf*
ventana *Fenster*
ventanilla *Fenster*
ver *sehen,* **a -** *mal sehen* **77**
verano *Sommer*
verbo *Verb*
verdad , de - *wirklich*
verdad (la) *Wahrheit*
verdadero *wirklich*
verde *grün*
verdulería *Gemüseladen*
verdura *Gemüse*
vestido *Kleid*
vestirse *sich anziehen*
veterinario *Tierarzt*
vez (la) *Mal,* **de - en cuando** *hin und wieder*
vía (el) *Gleis*
viajar *reisen*
viaje (el) *Reise*
viajero/a *Reisender*

víctima *Opfer*
victoria *Sieg*
vida *Leben*
vida, en mi - *nie im Leben*
vídeo *Video*
vídeoclub (el) *Videothek*
viejo/a *alt, Alter / Alte*
viento *Wind*
vientre (el) *Bauch*
viernes (el) *Freitag*
vinagre (el) *Essig*
vino *Wein* **61, - blanco** *Weißwein,* **- rosado** *Rosé,* **- tinto** *Rotwein*
violento/a *1. heftig 2. gewalttätig*
violín (el) *Geige*
virtud (la) *Tugend*
viruela *Pocken*
visado *Visum*
visita *Besuch, Besichtigung*
visitar *besuchen*
vista *Sicht, Blick,* **- al mar** *Meeresblick*
vistazo *(flüchtiger) Blick*
visto *gesehen*
viudo/a *Witwe / r*
vivir *leben* **105**
vivo/a *1. lebendig, lebend 2. lebhaft 3. gerissen, aufgeweckt*
vocabulario *Wortschatz*
volante (el) *Lenkrad*
volar *fliegen*
volver *zurückkommen* **105, - a** *wieder ... tun,* **-se loco/a** *verrückt werden*
vomitar *erbrechen*
vómitos (los) *Brechreiz*
vosotros *ihr (2. Person, Mehrzahl)*
votar *(ab)stimmen, wählen*
voy *ich gehe / fahre* **41,** *komme* **57**
voz (la) *Stimme*
vuelo *Flug,* **- internacional** *Auslandsflug,* **- nacional** *Inlandsflug*
vuelta *1. Spaziergang, Bummel, Runde 2. Rückkehr, Rückreise 3. Wechselgeld*
vuelvo *ich komme zurück*
vuestro/a *euer*

W/Y/Z

W.C. (el) *WC*
y *und*
ya *schon,* **- está** *Schluß jetzt!* **77, - no** *nicht mehr,* **- voy** *ich komme schon*
yo *ich* **21**
yo que sé ⟨ ⟩ *keine Ahnung*
yogur *Joghurt*
zanahoria *Karotte*
zapatería *Schuhgeschäft*
zapatero/a *Schuhmacher / in*
zapatilla *Pantoffel, Hausschuhe*
zapato *Schuh* **85**
zona *Zone,* **- azul** *Kurzparkzone,* **- peatonal** *Fußgängerzone,* **- periférica** *Randzone*
zorro *der Fuchs*
zumo *Saft,* **- de manzana** *Apfelsaft,* **- de naranja** *Orangensaft* **65**

Bildnachweis

Till Bartels 4, 14, 34, 54, 74, 94

SOS

Das Allerwichtigste für alle Fälle

Achtung:
z, ce und ci spricht sich wie ein englisches **th**
j wie [ch] wie **Buch**

bitte	*por favor* [por fabor]
danke	*gracias* [grathias]
ja	*sí* [sii]
nein	*no* [no]
ich verstehe nicht	*no entiendo* [no entjendo]
langsam, bitte	*despacio, por favor* [despathio, por fabor]
ich spreche kein Spanisch	*no hablo español* [no ablo es-panjol]
sprechen Sie Deutsch?	*¿habla alemán?* [abla alemann]
sprechen Sie Englisch?	*¿habla inglés* [abla ingless]
sprechen Sie Französisch?	*¿habla francés?* [abla franthess]
guten Tag	*buenos días* [buennos di-ass]
auf Wiedersehen	*adiós* [adjoss]
vielen Dank	*muchas gracias* [mutschass grathias]

Polizei	*policía* [polithi-a]
Unfall	*accidente* [ak-thidente]
Feuer	*fuego* [fuego]
Diebstahl	*robo* [rrobo]

Arzt	*médico* [mediko]
krank	*enfermo* [enfermo]
Krankenhaus	*hospital* [ospitall]

wann?	*¿cuándo?* [kwando]
wo?	*¿dónde?* [donndä]
wie	*¿cómo?* [kohmo]
wieviel?	*¿cuánto?* [kwanto]

Flughafen	*aeropuerto* [a-eropu̯-erto]
Bahnhof	*estación* [es-tathionn]
Busbahnhof	*estación de autobuses* [es-tathionn de autobusses]
Bank	*banco* [banko]
Wechsel	*cambio* [kambio]
Hotel	*hotel* [otell]
Taxi	*taxi* [taksi]
Bus	*bus* [buss]
U-Bahn	*metro* [metro]
Stadtplan	*mapa* [mappa]
Reisebüro	*agencia de viajes* [a-chenthia de vja-ches]

haben Sie ...?	*¿tiene ...?* [tjene]
gibt es ...?	*¿hay ...?* [aii]
ich habe kein Geld	*no tengo dinero* [no tengo dinero]

Langenscheidt ist schon da.
Langenscheidts Eurowörterbücher gibt es für Englisch, Französisch, Italienisch, Spanisch, Dänisch, Portugiesisch, Griechisch und Niederländisch. Jeweils rund 570 Seiten.

ESPAÑOL

CLIC

Für weiter Informationen:
Renate Häck
Tel.: 0221 – 430 34 44
CLIC
Calle Santa Ana, 11
E – 41002 Sevilla
Tel.: 0034 – 5 – 437 45 00
Fax : 0034 – 5 – 437 18 06

¡Habla con Nosostros!

Centro de Lenguas e Intercambio Cultural

Intensivkurse das ganze Jahr
- Kleine Gruppen
- Unterkunft
- Kulturprogramm

SEVILLA oder **ISLA CRISTINA**

Spanisch ist eine Weltsprache. Natürlich wissen Sie das, sonst hätten Sie dieses Buch nicht gekauft. Außer in Spanien wird spanisch von mehr als 200 Millionen Menschen in Lateinamerika gesprochen. Und in den USA nimmt der Anteil der Menschen mit spanisch als Muttersprache täglich zu. Also ist es sehr sinnvoll, spanisch zu lernen. Wo lernt man eine Fremdsprache am besten? Natürlich in einem Lande, wo diese Sprache von den Menschen gesprochen wird. Man lernt aber nicht allein die Sprache. Man lernt mit der Sprache auch eine andere Kultur kennen. Wir bieten Ihnen mit unserem Angebot die Möglichkeit, spanisch in Lateinamerika zu lernen und gleichzeitig viel über die Kultur Ihres Gastlandes zu erfahren. Beim Einzelunterricht in Guatemala zum Beispiel, und beim Besuch der farbenprächtigen Indiomärkte. Oder reisen Sie nach Ecuador und lernen außer spanisch auch vieles über das untergegangene Inkareich. Lernen in der Minigruppe in Mexiko - oder in Costa Rica. Oder eine Kombination von Einzel- und Gruppenunterricht in Costa Rica verbunden mit wöchentlichen Besichtigungen. Lernen Sie spanisch im Andenhochland von Bolivien, und machen Sie unter fachkundiger Führung an den Wochenenden Touren zu den kulturellen Wurzeln des Landes. Auch sind unsere Kurse zum Teil als Bildungsurlaub anerkannt. Haben wir Sie neugierig gemacht? Dann fordern Sie unseren Katalog an. Da finden Sie viele weitere Einzelheiten unserer Angebote. Und fliegen Sie dann nach Lateinamerika, um in einem unvergeßlichen Urlaub zu erleben und gleichzeitig Spanischkenntnisse zu erwerben oder vorhandene zu erweitern.

Spanischkurse in Lateinamerika bietet: AMERICA LATINA REISEN
Postfach 39 01 53/R in 14091 Berlin Tel: 030/805 49 30 Fax: 805 15 52

Italienisch und Spanisch

Italienisch und spanisch lernen: alltagsnah und von Anfang an. Für das Lernen allein oder in der Gruppe.

Senzaparole
Partire per l'Italia
Italienischkurs für Anfänger
(Buch rororo 18795,
Cassette: 18796)
Finalmente in Italia
Italienischkurs für wenig und weiter Fortgeschrittene
(Buch: rororo 18471,
Cassette: rororo 18472)
Die Sprachbücher von *Senzaparole* stützen sich auf die lebendigen Erfahrungen aus dem Sprachunterricht. Anhand von Dialogen, Gesprächen und Erzählungen lernen Sie den italienischen Alltag kennen.

Jutta J. Eckes /
Franco A. M. Belgiorno
Italiano Uno *Italienisch reden und verstehen. Ein Grundkurs*
(Buch: rororo 19144,
Cassette: rororo 19145)

Jutta J. Eckes /
Daniela Concialdi
Italiano Due *Italienisch reden und verstehen. Ein Aufbaukurs*
(Buch: rororo 19517,
Cassette: 19518)

Hardy Brackmann /
Liborio Pepi
Senza Parole *Die Körpersprache der Italiener*
(rororo 18868)

Mario Parisi / Liborio Pepi
Palavare Italiano? *Typisch deutsches Italienisch und wie man es verbessert*
(rororo 19178)

3452/4

rororo sprachen

Christof Kehr /
Ana Rodríguez Lebrón
Español Uno *Spanisch reden und verstehen. Ein Grundkurs*
(Buch: rororo 18793,
Cassette: rororo 18794)
Español Dos *Spanisch reden und verstehen. Ein Aufbaukurs*
(Buch rororo 18845,
Cassette: rororo 18846)
Dichos y Frases *Der Schlüssel zu den spanischen Redewendungen*
(rororo 19373)

Christoph Kehr /
Uwe Kreisel
Español Uno / Español Dos *Ein elektronisches Lernprogramm. Die Diskette zum Sprachkurs Spanisch*
(rororo 19335)

rororo sprachen wird herausgegeben von Ludwig Moos. Ein Gesamtverzeichnis der Reihe finden Sie in der Rowohlt Revue. Vierteljährlich neu. Kostenlos in Ihrer Buchhandlung.

Überfliegerr

Die «Überflieger» sind der Einstieg für alle, denen ein ganzes Lehrbuch zu langwierig und ein Sprachführer zu wörterbuchhaft ist. Schon in wenigen Tagen kann man damit die notwendigen Grundkenntnisse erwerben, um sich in einem fremden Land zu verständigen. Damit Urlaub und Geschäftsreise nicht nur sprachlich ein voller Erfolg werden, gibt es außerdem praktische Tips zu Kultur und Alltag.
Eine Auswahl der lieferbaren Titel:

Uwe Kreisel / Pamela Ann Tabbert
American Slang in letzter Minute
(Buch: rororo 19623, Buch mit Cassette: rororo 19624, Cassette: rororo 19705)

Hanne Schönig / Hatem Lahmar
Arabisch in letzter Minute
(Buch: rororo 19541, Buch mit Cassette: rororo 19542, Cassette: rororo 19700)

Petra Schaeber
Bralilianisch in letzter Minute
(Buch: rororo 19977, Buch mit Cassette: rororo 19979, Cassette: 19978)

Isabelle Jue / Nicole Zimmermann
Französisch in letzter Minute
(Buch: rororo 19628, Buch mit Cassette: rororo 19629, Cassette: rororo 19702)

Frida Bordon / Giuseppe Siciliano
Italienisch in letzter Minute
(Buch: rororo 19626, Buch mit Cassette: rororo 19627, Cassette: rororo 19703)

rororo sprachen

Elisabeth Völpel
Portugiesisch in letzter Minute
(Buch: rororo 19686, Buch mit Cassette: rororo 19687, Cassette: rororo 19736)

Dorothee Bernhardt
Russisch in letzter Minute
(Buch: rororo 19797, Buch mit Cassette: rororo 19799, Cassette: rororo 19798)

Christof Kehr
Spanisch in letzter Minute
(Buch: rororo 19526, Buch mit Cassette: rororo 19527, Cassette: rororo 19701)

Karl-Heinz Scheffler
Türkisch in letzter Minute
(Buch: rororo 19688, Buch mit Cassette: rororo 19689, Cassette: rororo 19735)

rororo sprachen wird herausgegeben von Ludwig Moos. Ein Gesamtverzeichnis der Reihe finden Sie in der *Rowohlt Revue*. Vierteljährlich neu. Kostenlos in Ihrer Buchhandlung.

3453/3